JN033832

# 商法総則・商行為法の ポイント解説

## 第2版

松岡 啓祐 [著]

財経詳報社

# 【第2版はしがき】

　本書の第2版の改訂においては、令和元年に成立した会社法改正の内容に加え、ビジネス・ローの最新のトレンドを積極的に取り入れ、その内容を大きくリニューアルしている。重要な企業法に関する法理論のエッセンスを豊富に盛り込み、現在の企業社会に内包する種々の法的課題の解決策を提示している。商法の世界においてビジネスを支える商業登記による企業情報の公示や、商業帳簿と会計ルール、商号等を巡る法制度の重要性は、会社法制の基盤としてきわめて大きくなっている。取引の安全や迅速性、外観法理等が重視される。世界的企業のグローバル・スタンダードとしては、「Sustainable Development Goals（SDGs、持続可能な開発目標）」、サステナビリティ（持続可能性）、ESG（環境・社会・ガバナンス）要素等も強調されている。社会のデジタル化対応（DX）等のビジネス上のニーズもある。

　さらに、商法総則・商行為法の分野では、注目すべき重要な判例が相次いで現れ、法理論の深化が見られており、本書のような大学等の標準的テキストも適宜内容のアップデートが欠かせない。国民生活を支える、仲介業・運送業・倉庫業・海運等といったそれぞれユニークな特色のある企業の業態ごとに、商法による規制の内容を理解することも重要になる。

　こういった新しいビジネス・トレンドを受けて、商法は全体の体系のボリュームが広がるとともに、商法内部においても個々の領域で学説等の議論に基づく理論的な分析・検証作業が一層の厚みを増している。そのため、今後、経済情勢等に応じて、商法・会社法等の内容について定期的に見直す必要性はますます高まるものと予想される。本書がそうした作業の一環としても有用であれば幸いに思う。今回の改訂に当たっても、引き続き財経詳報社の宮本弘明氏に大変お世話になった。厚く御礼を申し上げたい。


令和4年11月

松岡啓祐

# はしがき

　「商法」は、企業関係を規律する基本法として、ビジネス・ローの中心である。「企業法」とも言われている。現代の日本の経済社会においては様々な「企業活動」がダイナミックに展開されているが、商法はその制度的基盤となる法的ルールである。トラブル解決に欠かせない裁判規範でもあるため、商法は重要な意義を持つ。商法は「基本六法」のひとつであり、民法と並ぶ「私法の主要分野」である。

　商法のなかでも、「商法総則」の分野においては、商業登記や商号・商業使用人・商業帳簿といった基本的な制度の仕組みが定められている。他方、「商行為法」の分野では、商取引の代理と契約の成立・報酬や利息の請求権・商人間の留置権等を定める総則規定のほか、仲立・問屋・運送・場屋・倉庫といった各種の営業活動に特有のルール等が設けられている。なお、「会社法総則」にも商法総則とほぼ同様の規定が置かれているため、本書では会社法の総則や各種の規定も含めて扱っている。

　本書は、大学での講義や実務の現場等で使用されることを念頭に置き、コンパクトにわかりやすく商法総則・商行為法のルールを説明することを第一の目的としている。最初にポイントを示していることに加え、各所に読みやすいコラムを挿入している。また、【設例】により、ビジネス実務における現場対応に有用な法的思考力（リーガル・マインド）・法的センスの養成を図っている。各章の最後の演習テーマの復習・確認を通じて理解を深めることができるため、広く資格試験（法学検定試験、公務員試験、公認会計士試験、司法試験等）に活用することも想定される。本書の発行に際しては、財経詳報社の宮本弘明氏に大変お世話になった。厚く御礼申し上げる。

平成 30 年 6 月

松岡啓祐

# 目　　次

## 【法令・判例集等の略称等の名称一覧】

### ◆主な法令の名称

商法は、条文のみ。

会社　会社法

民　　民法

### ◆主な判例集等の名称

金判　金融・商事判例

金法　金融法務事情

高民集　高等裁判所民事判例集

集民　最高裁判所裁判集民事

判時　判例時報

判タ　判例タイムズ

民集　最高裁判所民事判例集

民録　大審院民事判決録

下民集　下級裁判所民事裁判例集

# 商法総則・
# 商行為法の
# ポイント解説

# 第1編　商法総則（会社法総則も含む）

## 第1章　商法の意義と概要

☆ポイント⇒商法の意義やビジネスとの関係は、どのようになるか。商慣習・商事自治法（取引約款等）とは何か。商法と会社法や民法との関係は、どのようなものか。商法の特色はどこにあるか。

### 第1節　商法とは何か

#### 1　ビジネスと商法

¶【設例】

　　Aは、ビジネスのアイディアを考案し、事業を開始しようとしている。Aが営業活動をする場合、商法にはどのような規制があるか。

　　Aが会社を設立し、事業活動を行う場合はどうなるか。その一方で、一般の消費者・顧客や取引先等の立場からは、Aのような企業主体について、どのようなことが求められるであろうか。

　【設例】のAのように私達の周囲には、商人や会社といった広義の企業主体が様々な活動を行い、一般消費者や顧客にとってその存在ないしサービスは日常生活に不可欠になっている。スーパーマーケットやコンビニエンスストア、鉄道・バス会社、食料品店、飲食店などを思い浮かべると、わかりやすい。企業ないし事業者は、私達国民の日々の生活を支えているのである。

　商法（Commercial Law）は「企業関係を規律する基本法」であり（企業法説）、国民生活にも密接な関係を有している。【設例】のように新たなビジネスを開始しようとしているAにとって、商法の内容や仕組みを知るニーズは大きい。例えば、Aとしては、まず商号（商人・会社の営業上の名称）を

どのようにするか考えるであろう。その際、商号の選択と使用には、商法上のルールに気を付けなければならない。取引の安全を図るため、商業登記が必要になる可能性もある。商業帳簿を作成・保存することも求められる。

　また、営業活動を拡大する際には、商業使用人や代理商の活用のほか、独立の仲介者として仲立人や問屋といった仲介業者の選択が重要になる。企業の製品の流通に関与する運送営業や倉庫営業、ホテル等の場屋営業といった業種の存在感も大きい。会社を設立・運営する場合には、商法の特別法である会社法が適用される。商法は、企業活動にとって有益な制度的インフラを提供することにより、企業を支援・サポートする役割を担っている。

　他方、【設例】のようにビジネスを行う者だけでなく、企業のサービスを利用する私達一般消費者・顧客や、取引相手（第三者）の立場への配慮も重要になる。前述の商号の例を考えればわかりやすいが、企業の継続的な活動にとっては信用の確保が欠かせない。法的な安定性に加えて、営業上のトラブルを防止することも重要になる。そこで、他の企業と誤認を招くような商号の不正使用は顧客や取引先等に混乱を及ぼすため、規制する必要がある。

　企業取引においては取り扱う金額が多く（手形や小切手といった簡易・迅速な決済手段も使われる）、取引先の数も増えるため、個人の日常生活とは異なり、法的リスクも高まる。そうした点に、特別な法律上の制度が求められる大きな理由がある。商法は企業法制として商号、商業登記、商業使用人、商業帳簿等に代表される「商」に関する基本的なルールを定めることにより、円滑な商取引と企業社会の信頼性の確保を図っている。

---

**【コラム：ビジネスとコンプライアンス】**

　最近では、企業のコンプライアンス（法令遵守）が強く求められるトレンドにある。企業不祥事等といった不正防止のためのコーポレート・ガバナンス（企業統治）システムの適切な構築が重視され、企業の社会的責任の一環ともなっている。ESG（環境・社会・ガバナンス）要素も考慮されうる。

　そうした意味で、ビジネス法務の中心である商法を習得することは、企業関係者のみならず、広く一般市民にとって重要な意義を有している。商法は「企業法」として位置付けられる。サステナビリティ（持続可能性）も大切になる。

## 2　商法の内容には何が含まれているのか

　商人や商取引といった企業主体・企業活動には、特有のルールが求められている。そこで、商法は、「商人の営業、商行為その他商事」については、他の法律に特別の定めがあるものを除くほか、この法律の定めるところによるとしている（1条1項）。この点、商法の意義や範囲は、「形式的意義における商法」である商法典（明治32年法48号）と、広い意味の商法である「実質的意義における商法」に分けて考えなければならない。実質的意義における商法を考える必要があるのは、商法典以外にも、実質的には同質の法律が多数存在しており、それらを含めて商法という法体系を把握しなければならないためである。実質的意義における商法には、「①商事制定法、②商事条約、③商慣習、④商事自治法等」が含まれ、それらの内容が問題になる。

　①の商事制定法には、「狭義の商法典と商事特別法」がある。商事特別法は、さらに「付属法令と特別法令」に分かれる。付属法令は、商法典の規定を施行し、具体化するための法令であり、商法施行規則や商業登記法等がある。そして、特別法令は、商法典の規定を補充し、または変更する法令になる。そうした特別法令の数は多く、「会社法、金融商品取引法、手形法、小切手法等」がある。特に会社法については、平成17年改正前までは商法第2編に会社に関する一般的な規定が置かれていたが、同年の改正によって独立し、それらの規定は削除されている。金融商品取引法（旧・証券取引法）は、金融・資本市場の公正な価格形成機能を確保するため、上場会社の公正・公平な情報開示（ディスクロージャー）義務等を定めるものである。

　②の商事条約とは、広く国家間の合意である。例えば、手形法・小切手法のもとになったジュネーブ統一条約がある。主に企業取引の支払・決済に使われる手形・小切手に関する手形法と小切手法は、もともと商法典の第4編に条文が置かれていたが、昭和8年にジュネーブ統一条約の履行として制定されることになり、商法典から削除されたという経緯がある。また、国内法の補完・具体化のための措置が行われなくても、その内容をそのままの形で実施できるタイプの条約もあり、その例として、国際航空運送に関するワルソー条約・モントリオール条約や、国際物品売買契約に関するウィーン条約等がある。商事条約は広く商事制定法に含めて考えることもできる。

　商事に関する制定法における適用順序は、法の一般原則に従う。一般的には、その事項について商事条約があれば優先され（条約優先）、商事特別法があれば、商法典に優先することになる（特別法優先の原則）。以下においては、③の商慣習や④の商事自治法と商法の関係について説明していく。

## 第2節　商慣習の役割

　商取引においては、商慣習が重視される。ビジネス法の特色になる。そのため、商事に関し、商法に定めがない事項については商慣習に従い、商慣習がないときは、民法の定めるところによる（1条2項）。適用順序としては、「商法→商慣習→民法」となる。ここでは特に、商慣習と、「①民法との関係」、「②商事制定法との関係」、の2つが検討すべき重要な課題である。

　①の「商慣習と民法」との関係はどのように考えられるか。商法1条2項によれば、商慣習が制定法である民法よりも優先されており、制定法優先主義（法の適用に関する通則法3条参照）・成文法主義の例外になっている。商慣習には柔軟性があり、進歩的・合理的なことが多いためである。

　また、商法はもともと商人法として慣習法に起源を有することも、商慣習が重視される背景になっている。なかでも「商慣習法（法としての確信が加わり、全国的なもの）」は、単なる「事実たる慣習（民92条）」とは区別され、法規範たる性格を有する。商慣習法は商慣習に優先する。なお、商法1条2項にいう商慣習は、商慣習法を意味すると考える見解も多い。

　②の「商慣習と商事制定法との関係」はどうなるか。前述した商法1条2項はその適用順位として、まず商法があり、次に商慣習としている。しかし、例外的ではあるものの、商慣習（法）が商事制定法を変更することもありうるであろうか。そうした例として、白紙委任状付記名株式譲渡の商慣習法の判例が挙げられることが多い（大判昭19・2・29民集23巻90頁参照）。

　旧法の下では、会社の定款によって株式の名義書換は株主名簿上の株主である譲渡人が譲受人と共同して請求することとされており（昭和13年改正前の商法150条）、株式譲渡の手続はかなり煩瑣であった。そこで、名義書換に要する手間を省くために、記名株券に白紙委任状を添付して譲渡するという簡易な方法が、商慣習法として発達した。

　白紙委任状付記名株式譲渡の商慣習法は、その後の改正により変更され、株式の譲渡は単に振替口座や株券の交付等によって可能であるため（会社128 条 1 項等）、現在では問題とならない。しかし、当時は商法と異なる商慣習法が成立し、それを有効なものとして認めた判例とも見られたのである。商慣習法を含む商慣習が商法の任意法規だけではなく、強行法規を改廃する効力を認めた判例とする見解もあるが、商慣習法は任意規定には優先すると見てよいとの学説のほか、あくまで制定法優位（優先）主義を重視し、そのような商慣習法に否定的な意見もある。現在でも、商法 1 条 2 項は「商慣習」を重視しており、そうしたルールの持つ意義を十分確認しておく必要がある。なお、再保険に関する商慣習法の成立の是非が争われる事例もよく見られる（例えば、大判昭 15・2・21 民集 19 巻 273 頁は成立を肯定したが、東京地判令 2・2・14 判時 2446 号 41 頁は否定）。

## 第 3 節　商事自治法と普通取引約款

¶【設例】

　　Aは、B保険会社の火災保険契約に加入した。その後、森林火災によりAの家屋が焼失したため、Aが保険金を請求したが、B保険会社は支払を拒否し、訴訟になった。

　　B保険会社の普通保険約款には、「森林の燃焼等による損害」については、てん補する責任を負わない旨の条項（免責約款）が定められている。そうした免責約款は、法的拘束力を有するであろうか。

　商事自治法とは、会社の制定する定款、証券取引所等の業務規程・受託契約準則等である。商法そのものではないが、商法・会社法等がその作成を命じており、商法の法源として認められている。

　これに対し、「普通取引約款」の意義については、争いがあるところである。普通取引約款とは、業者と多数の相手方・利用者との間になされる取引について、あらかじめ作成される定型的な契約条項であり、普通契約条項ともいわれる。企業取引の様々な分野（運送、ホテル、銀行等）のビジネスにおいて一般的に使われており、私達も身近に見る機会がきわめて多い。

　普通取引約款は、集団的取引にとって契約条件の交渉をしなくて済み便利であるが、企業の側が一方的に定めるものであり、利用者がそれを知らなかったり、利用者にとって不利な条件の約款の条項が常に法的拘束力を持つのかという問題が生じうる。そのため、商取引において約款が商法を補完する重要な役割を現実に担うなかで、その有効性を争うケースも見られる。

　【設例】のようなケースにおける普通取引約款の法的拘束力・法源性について、判例は意思推定説を採り、反証がないかぎりその約款による意思で契約したものと推定すべきであるとして約款の拘束力を認め、保険会社の保険金の支払義務を否定している（大判大4・12・24民録21輯2182頁）。ただ、意思推定説に対し、多数説である商慣習法説（白地商慣習説）は約款そのものに法源性を認めるのではなく、その取引に関してすでに存在している約款で内容を定める「商慣習」がある場合に、初めて約款の適用が可能となるとしている。そのほか、学説上は、約款は団体が自主的に作成する商事自治法であるとする自治法説なども主張されている。

　また、保険約款は行政による公的な規制の下に置かれているが、主務大臣の認可を受けていない普通保険約款に基づく保険契約はどのように考えられるであろうか。そのような保険契約も、私法上は有効であると解されているものの（最判昭45・12・24民集24巻13号2187頁）、保険会社等といった公共性の高い金融機関では行政監督といった観点も重要になる。

# 第4節　商法の特色・歴史・民法との関係等

## 1　商法の特色

　企業法としての商法には、いくつかの重要な特色がある。その代表的なものは、以下の3つである。第1に、営利性がある。例えば、商人には報酬や利息の請求権等が認められる（512条、513条）。第2に、迅速性もある（迅速結了主義）。商人の契約成立には迅速な通知等も重視される（509条等）。

　第3は、取引の安全の確保である。例えば、商業登記では一定の重要事項が公示されるほか（8条以下。公示主義）、多数当事者の債務は連帯責任が原則となり（民法は分割負担が原則）、外観への信頼も重視される（511条、14条等）。とりわけ「外観法理」（①外観の存在、②外観への帰責性、③外観

への信頼といった 3 つの要素を基本とする）の現れとされる規定は多く、各規定の趣旨に応じた要件の検討が必要になる（24 条の表見支配人等）。

　それらに加え、商法の特色として挙げられるものには、自由主義（521 条の商人間の留置権等における当事者の意思を尊重する任意規定）、厳格責任主義（596 条の場屋営業者の責任等）などがある。企業ビジネスの特質から、進歩的傾向や世界的傾向も顕著である。商法の中心である「会社法（Corporate Law）」の分野では、株式会社の公正な組織運営ルールを中心として、会社経営や経営監督を担う役員等の義務と責任、会社資本の出資者である株主の有限責任の原則（104 条）、株主平等の原則（109 条）、株式譲渡自由の原則（127 条）のほか、会社債権者の保護等も要請される。また、会社法上、公開会社では、所有と経営の分離原則のもとで、取締役会を中心とする効率的な経営が促進されるとともに、大会社には会計監査人（公認会計士または監査法人）のチェックと内部統制システムの整備等が義務付けられている（328 条等）。

　広義の会社法制においてはハードロー（制定法）に加え、ソフトロー（自主ルールや行政上のガイドライン等）として、証券取引所のコーポレートガバナンス・コード（CG コード。上場規程）や金融庁のスチュワードシップ・コード（SS コード）等も重視される。CG コードは上場会社に行動規範として適正な規律や企業統治を求め、SS コードは機関投資家（投資信託や年金基金等の投資運用機関）に上場会社等との建設的な対話（エンゲージメント）を促し、企業価値の向上を通じた日本経済の成長を目指している。

---

### 【コラム：法定利率と消滅時効】

　商法においては従来、法定利率が年 6 分と高く（旧 514 条。旧民法は年 5 分が原則）、一般的な債権の消滅時効は 5 年間と短期間であり（旧 522 条。旧民法は 10 年が原則）、①法定利率と②消滅時効の 2 点は、商法と民法の違いの代表例とされてきた。しかし、令和 2 年の民法（債権法）改正の施行後には、商法のそれらの規定は削除され、民法の新たな規定に統一されている。

　第 1 に、法定利率は年 3 パーセントとされ、法務省令で定めるところにより、3 年を 1 期とし、1 期ごとに所定の方式により変動する（民 404 条）。第 2 に、債権の消滅時効は原則として、①債権者が権利を行使することができることを

知った時から 5 年間行使しないとき（主観的起算点）、②権利を行使すること
ができる時から 10 年間行使しないとき（客観的起算点）、となる（同 166 条）。
契約上の債権は通常弁済期が明確であるため、時効の期間は 5 年になる。

## 2　商法の歴史と改正

　商法の歴史は、ローマ法に遡り、中世ヨーロッパの都市国家の勃興と商人
階級の形成を契機としているが、最初の近代的な商法は、1807 年にナポレオ
ンによって制定されたフランス商法典である。フランス商法典はフランス革
命の平等思想に基づき商人階級の法から脱却し、商行為法主義（客観主義）
のもと、「商」に対する特別の法典として制定された。そして、フランス法の
影響を受けつつ、1861 年には普通ドイツ商法典が成立し、わが国の商法の原
型になる。その後、ドイツ等でも種々の改正等が行われている。

　わが国においては、明治 23 年にドイツ人のヘルマン・レースラーが起草
した商法が公布・一部施行され、種々の論争を経て修正がなされたうえで、
明治 32 年に現行の商法（新商法）が公布・全面的に施行された。それ以降、
経済情勢の変化や企業に関する不正事件等を背景として多くの改正がなされ
ているが、特に平成 17 年には商法から会社の部分が会社法として独立の単
行法規とされるとともに、商法の多くの部分が口語化された。

　平成 29 年には、民法（債権法）改正の影響を受けて商法の各所が改正さ
れるとともに、平成 30 年においては商行為法のうち運送営業や海商法等に
関して重要な改正が成立し、全面的に口語化されている。また、会社法も
種々の改正が継続的に行われている。ビジネスに関する商法・会社法は、経
済状況等に合わせて変化せざるをえない宿命にあり、それゆえに国際情勢等
を含む新しいトレンドが柔軟に取り入れられる余地も大きい。コーポレート
ガバナンス・コード等の制定法以外のソフトローも、広がりを見せている。

　商法は、前述したように現在の通説的見解によれば、「企業法」と位置付
けられており、企業に関する経済主体の私的利益の調整を目的とする法規整
の総体である（企業法説）。「企業」とは、営利活動を行う独立した経済単
位・活動単位であり、会社・個人商人のほか、組合等といった様々な形態・

規模のものも含まれうる。この点、商法の対象論としては、①企業法説のほか、②内容から把握しようとする説（歴史説・媒介説・実証説等）、③性格から把握しようとする説（集団取引説、商的色彩説等）が唱えられていた。最近では、事業者等のコンセプトを志向する考え方もある。

## 3　民法等との関係

　商法は同じ私法として、特に民法と密接な関係がある。商法は、「一般法である民法の特別法」であり、商人や商行為等については、原則として商法が優先的に適用される。特別法優先の原則といわれる。

　商法は、企業を巡る経済主体間の私的利益の調整に限定されるのに対し、民法は、企業に限らず、広く一般の私人の私的利益の調整を行う。そのため、商法には民法に対する独自性・自主性が認められる。具体的には、民法の原則を修正する規定（商事売買の特則等）や、民法にはない独自の制度（商業帳簿等）もある。倉庫営業や運送営業等といった各種の営業の特質に応じた、商法固有の規制体系のダイナミックでグローバルな発達状況も興味深い。

　しかし、商法のカバーしていない部分については、適宜一般原則である民法が適用される局面が多く、信義則・権利濫用の禁止（民1条2項・3項）や、債務の不履行・不法行為に基づく損害賠償責任（同415条・709条）等の適用もよく問題になる。したがって、商法を学ぶ際には、民法の規定の適用や関連規定との関係に注意する必要性が大きい。

　他方、商法や会社法は企業、とりわけ会社を規制対象とするものであることから、民法以外にも、経済法（独占禁止法等）、労働法、消費者関連法等といった法分野とも密接な関係を有している。そのため、場合によって、そうした法制度の内容や相互の関係を考えていくことも重要になる。

¶ 演習テーマ
(1)　実質的意義における商法とは何か。商慣習の扱いはどうなっているか。
(2)　普通取引約款とは何か。判例を踏まえて、その拘束力を検討しなさい。
(3)　商法の特色はどこにあるか。民法との関係について、説明しなさい。

# 第2章　商人と商行為

☆ポイント⇒商人の意義や種類はどのようなものか。絶対的商行為・営業的
　　　　　商行為・附属的商行為とは何か。いつの時点から商人として、
　　　　　商法が適用されると考えられるのか（商人資格の取得時期）。

## 第1節　総論

　「企業法としての商法」は、①商人と②商行為という2つの概念をベース
に構築されている。商人は企業主体（会社のほか、個人商人も含む）、商行為
は企業取引（商取引）を意味する。商人・商行為の基準は、特に特別法であ
る商法に対し、一般法の関係にある民法との区別において実務上きわめて重
要になる。というのも、商人・商行為に当たるかどうかによって、商取引の
成立ルールの違いや連帯責任の有無等に大きな違いが生じるためである。

　わが国の商法は、商人の定義ないし概念を原則として商行為から導きつつ、
「商行為をしない擬制商人」や、商人という主体から導き出される附属的商
行為も折衷的に認めている（4条、503条等）。そこで、現行の商法は商行為
法主義（客観主義）と商人法主義（主観主義）との折衷主義を採用している
ことになる。他方、ドイツ商法やスイス債務法は主観主義を採っているが、
フランスのほか折衷主義を採用する国が多い。

## 第2節　商人

### 1　商人の分類

¶【設例】

　　農家のAは、自分の畑で野菜を栽培していた。そして、Aは収穫し
　た野菜を隣人のBなどに販売している。

　　Aは商法上の商人として、商法の適用を受けることになるであろう
　か。Aが「店舗で」野菜を販売している場合は、どう考えられるか。

　【設例】では、商人の意義が問われている。商人には、「固有の商人・擬制商人・小商人」といった分類がある。第 1 に、「固有の商人」とは、自己の名をもって商行為をすることを業とする者である（4 条 1 項）。

　①「自己の名をもって」とは、自己が法律上その行為から生ずる権利義務の帰属主体となることである。②「商行為」とは、後で見る商法 501 条・502 条の商行為を指す。商行為は財貨の転換ないし流通の媒介を中心としており、【設例】のような自分で生産・収穫した農産物等の販売（原始産業）は、基本的に除外される。③「業とする」とは、営業として行うことであり、営利の目的で同種の行為を計画的に反復・継続して行うことをいう。

　「会社」も商行為を行う営利法人であり（会社 5 条・3 条→商法 4 条 1 項）、商人と解されている（最判平 20・2・22 民集 62 巻 2 号 576 頁）。会社法上の会社は 4 種類あり、株式会社を中心に、合名会社・合資会社・合同会社といった 3 つの持分会社がある（同 2 条 1 号、575 条）。持分会社のうち、①合名会社は無限責任社員のみからなる会社であるが、②合資会社は無限責任社員と有限責任社員からなる 2 元制組織の会社であり、③合同会社は有限責任社員のみからなる会社になる（同 576 条 2 項以下）。無限責任とは一定の場合に会社の債務につき連帯して弁済する責任を負うものであり、有限責任はその出資の価額を責任の限度とするものをいう（同 580 条 1 項・2 項）。

　その点、株式会社の株主（出資者である社員）の責任は、株式の引受価額を限度とする有限責任になる（会社 104 条）。持分会社は閉鎖性を持つ組合的な組織であるのに対し（同 585 条）、株式会社は主に公開性の団体として位置付けられており（会社法 127 条の株式自由譲渡の原則等）、広く株主となる者を募集した資金調達（公募増資）も可能である（同 199 条以下）。

　第 2 に、「擬制商人」とは、「①店舗その他これに類似する設備」によって物品を販売することを業とする者、または、②鉱業を営む者であり、これらの者は商行為を行うことを業としない者であっても、商人とみなされる（4 条 2 項）。店舗販売業者や鉄等の鉱物を採掘して販売する者は、商行為を営業とする者ではないが、「経営形態・企業的設備」に着目して商人と認められる。そこで、【設例】の野菜の販売も原始取得は商行為に当たらず、固有の商人にはならないが、それを店舗等で販売すれば、擬制商人になる。

第3に、「小商人（こしょうにん）」とは、商人のうち、その営業のために使用する財産の価額が50万円を超えないものである（7条、商法施行規則3条2項）。この「財産の価額」は、営業の用に供する財産につき、最終の営業年度に係る貸借対照表（最終の営業年度がない場合は、開業時のもの）に計上した額になる（同条1項）。規模が小さく、過大な負担を強いるなどの理由から、①登記の関連規定（未成年者登記・後見人登記・商業登記・商号の登記・商号譲渡の登記・営業譲渡の譲受人の免責登記・支配人の登記）と、②商業帳簿の作成・保存義務等の規定は、小商人には適用されない。なお、小商人に対し、商法が全面的に適用される商人を「完全商人」という。

## 2　公法人や中間法人等

¶【設例】

　A協同組合は、組合員BないしBら数名に80万円を貸し付けた。その後、Aがその返済を請求したところ、商法の規定の適用等が重要な問題になった。

　協同組合は、商法上の商人と考えられるか。また、BないしBらが商人である場合は、どうであろうか。

　公法人や【設例】の協同組合の行為には、商法が適用されるであろうか。公法人（国・地方公共団体）が行う商行為についても、法令に別段の定めがある場合を除き、商法が適用され、商人となりうる（2条）。都バス等の例がある。公益法人（学校法人・宗教法人等）や公団・公庫も同様である。

　他方、協同組合や保険相互会社といった、公益法人と営利法人の中間にある中間法人の商人性は否定されている（信用協同組合について、最判昭48・10・5判時726号92頁。ただ、一方的商行為の適用は肯定）。協同組合には種々のものがあるが、営利ではなく、構成員である小規模事業者や消費者等の「相互扶助や共通の利益の擁護・促進」を目的とするためである。

　最高裁は、協同組合よりも営利性が強い信用金庫についても、国民大衆のために金融の円滑を図り、その貯蓄の増強に資するために設けられた「協同組織による金融機関」であるため、商人に当たらないとしている（最判昭

63・10・18 民集 42 巻 8 号 575 頁）。また、通説によれば、医師や弁護士、作家、芸術家等の自由職業人には、営利目的はないとされている。

---

**【コラム：一方的商行為と双方的商行為】**

　法律関係の安定性を図るため、当事者の一方のために商行為となる行為については、商法がその双方に適用される（3 条 1 項）。一方的商行為という。また、当事者の一方が 2 人以上ある場合、その一人のために商行為となる行為については、商法がその全員に適用され（同条 2 項）、部分的商行為ともいう。

　例えば、小売商と消費者との商品の売買は、小売商にとって商行為であるが、消費者にとっては商行為とならないため、一方的商行為に当たる。他方、卸売商と小売商との間の商取引は双方的商行為になる。【設例】でも、たとえ A 協同組合が商人ではないとしても、B ないし B らのうち 1 人が商人であれば、一方的ないし部分的商行為として、その貸付行為には商法が適用される。

---

## 第 3 節　商行為

### 1　商行為の意義と分類

　商行為は、商法を適用する際の重要な基準である。商行為はいくつかに分類される。基本的商行為としては「①絶対的商行為（501 条）と②営業的商行為（502 条）」があり、補助的商行為には「③附属的商行為（503 条）」がある。3 つの商行為はよく参照されるため、その内容と違いに注意したい。

　①の絶対的商行為に対して、「②の営業的商行為と③の附属的商行為」を相対的商行為という。そのほか、前述の一方的商行為等があり（3 条）、会社の行為は商行為になる点にも留意しなければならない（会社 5 条）。

### 2　絶対的商行為

　絶対的商行為とは、非商人により 1 回限りでなされた場合でも商行為となるものである（501 条 1 号〜 4 号）。行為の客観的性質から、強い営利性が認められる。「①投機購買等、②投機売却等、③取引所の取引、④手形その他の商業証券に関する行為」の 4 つが限定列挙されている。

　①「投機購買」とその実行行為とは、利益を得て譲渡する意思（投機意

思・営利意思）をもってする動産、不動産もしくは有価証券の有償取得（投機購買）またはその取得したものの譲渡を目的とする行為（実行行為）である。まず商品を安く買って、高く売り利益を得る。スーパーマーケット等（小売商・卸売商）が商品を仕入れて、客に販売することが典型例になる。「取得」には交換・消費貸借等を含むが、先占・捕獲による取得（原始取得）は除外される。自分で生産・取得した農産物・畜産物・水産物を販売しても、他人から有償取得していないため、原始産業（農林水産業等）は投機購買に該当しない。他方、製造・加工して譲渡する場合も含むと解されているため、土を買い入れて瓦（かわら）を製造販売する営利行為は投機購買になる（大判昭4・9・28民集8巻769頁）。製造業（メーカー）の行為も広く包含される。なお、投機意思は取得の時点であれば足りるが（その後、無償の譲渡や自家消費しても該当）、取引の相手が認識できなければならない。

　②「投機売却」とその実行行為とは、他人から取得する動産または有価証券の供給契約（投機売却）およびその履行のためにする有償取得を目的とする行為（実行行為）である。まず買主に高く売って、その後商品を安く買うことであり、先物取引を意味する。①と異なり、不動産は入らない。

　③は、「取引所においてする取引」である。金融商品取引所や商品取引所等における株式等の売買・取次ぎなどの取引が含まれる。大量かつ定型的・集団的に行われる営利性の強い取引であることから、商行為とされる。

　④は、「手形その他の商業証券に関する行為」である。有価証券上の振出・裏書・保証等の行為をいう。白地（しらじ）補充権の授与も、手形に関する行為に準ずるとされる（最判昭36・11・24民集15巻10号2536頁）。

## 3　営業的商行為

¶【設例】

　　Aは、個人で小規模な貸金業を営んでいた。Aの貸付行為について、商法の規定は適用されるであろうか。

　　Aが個人商人としてではなく、「会社」として貸金業を営業している場合には、どのように考えられるか。銀行取引との関係はどうか。

　営業的商行為とは、営業としてするときに、商行為となるものである（502 条）。営利目的で反復継続・集団的に行われることで、商行為性が現れる。絶対的商行為と比べると、営利性は弱い。ただし、「専ら賃金を得る目的で」物を製造し、または労務に従事する者の行為は、除外される（502 条ただし書）。生計の範囲で行われるような小規模なものを除外する趣旨であり、ごく小規模な賃仕事や手内職等がその例になる。

　営業的商行為は、13 にわたり限定列挙されている（502 条 1 号〜13 号）。以下では、それらについて、具体的な内容と問題点を説明していく。

　①は、「投機貸借」とその実行行為である。賃貸する意思（投機意思）をもってする動産もしくは不動産の有償取得もしくは賃借（投機貸借）、またはその取得しもしくは賃借したものの賃貸を目的とする行為（実行行為）である。例えば、リース、レンタル、不動産の賃貸業等が該当する。

　②は、「他人のためにする製造または加工に関する行為」（引受行為）である。紡績・醸造のほか、染物・クリーニング等がその例になる。

　③は、「電気またはガスの供給に関する行為」である。継続的な供給を引き受ける行為になる。水道は入らない。④は、「運送に関する行為」である。運送契約の締結であり、陸上運送・海上運送・空中運送に分類される。

　⑤は、「作業または労務の請負」である。家屋やビル等の工事の請負や、労働者の供給の請負になる。⑥は、「出版、印刷または撮影に関する行為」である。出版業者、新聞業者、印刷業者、写真館の行為等がこれに当たる。

　⑦は、「客の来集を目的とする場屋における取引」（場屋取引）である。「場屋（じょうおく）取引」とは、公衆の来集に適する設備を設けて、客に利用させる行為になる。例えば、ホテル、ゴルフ場、映画館、飲食店、遊園地等がある。理髪業については、業務用設備の客による利用がないことを理由に場屋取引ではないとする判例があるが（大判昭 12・11・26 民集 16 巻 1681 頁。東京地判平 2・6・14 判時 1378 号 85 頁も美容院を否定）、公衆の来集施設による客の需要に応じるという点から商行為性を肯定する見解も多い。

　⑧は、「両替その他の銀行取引」である。金銭または有価証券の転換を媒介する行為であり、銀行取引とは「受信行為（金銭等を受け入れる行為）と与信行為（他人に貸しつける行為）」が併存するものになる。そのため、【設

例】のような貸金業者や質屋営業者による貸付行為については、受信と与信の双方がないため、判例上商行為性が否定されている（最判昭50・6・27判時785号100頁等）。学説においても同様に、限定列挙による適用範囲の明確性の観点から、否定する見解が多数説であるが、貸金業者等は最も商人的特徴を有することなどを理由として古くより肯定説も唱えられている。ただし、貸金業者等が会社であれば、その行為は商行為になる（会社5条）。

⑨は、「保険」である。保険者が対価（保険料）を得て保険を引き受ける営利保険をいう。そこで、営利目的のない相互保険・社会保険は含まれない。

⑩は、「寄託の引受け」である。他人のための物の保管を目的とする寄託契約（民657条）になる。寄託には、多数人から同種の物を預かる混蔵寄託や、消費寄託（民666条）も含む。倉庫営業者（599条）の行為等である。

⑪は、「仲立ちまたは取次ぎに関する行為」である。第1に、「仲立ち」は他人間の法律行為の媒介を引き受ける行為であり、商事仲立人（543条）のほか、結婚の媒介や不動産売買の斡旋等の商行為以外の媒介を行う民事仲立人等も、営業として行われる限り商人となる。第2に、「取次ぎ」は、他人のために自己の名で法律行為を引き受ける行為である（551条の問屋営業等）。

⑫は、「商行為の代理の引受け」である。本人にとって商行為となる行為の代理を引き受ける。締約代理商（27条）の行為がその例になる。

⑬は、「信託の引受け」である。信託法上の行為になり、受託者として財産の管理処分を引き受ける（同法2条・3条参照）。

## 4　附属的商行為

商人がその営業のためにする行為は、商行為とされる（503条1項）。附属的商行為という。営業資金の借入れや従業員の雇用、営業所の賃借、販売物品の運送委託等が広く含まれる。また、商人の行為は、その営業のためにするものと推定される（同条2項）。営業開始の準備行為も営業意思が客観的に認識される以上、これに当たる（大判昭6・4・24民集10巻293頁）。

この点、労働契約や会社と労働組合との間の退職金給与に関する約定には附属的商行為として、商法の適用が認められている（最判昭51・7・9判時819号91頁等）。営業廃止の残務処理も含まれる。さらに、最高裁判所の判

例によれば、会社のする行為は商行為とされているので（会社 5 条）、会社は商人に該当し（4 条 1 項）、「会社の行為」は商行為と推定されるため、これを争う者が会社の事業と無関係であることの主張立証責任を負うと解されている（最判平 20・2・22 民集 62 巻 2 号 576 頁）。同判例では会社の貸付行為について、附属的商行為の規定を経由して商法が適用されている。

## 第 4 節　商人資格の取得時期

¶【設例】

　　Ａは、ＢやＣとともに映画館を開業しようと計画したが、資金が不足していた。そのため、その資金を知人であるＤから借りた。

　　しかし、開業後、映画館の経営は不振になり、Ｄへの借金の返済が困難になった。Ｄは、Ａらに対し「商行為の債務の連帯性の規定（511 条）」の適用を主張し、その支払を求めることができるか。

【設例】では、開業の計画・準備段階における借金の商行為性が問題になっている。こうした場合、いつから商人の資格を取得するのか、「商法の適用の開始時期」がよく問題になる。会社は生まれながらの商人であるため、会社設立の登記をしたときに商人資格を取得し（会社 49 条・579 条）、清算の終了によって商人資格を喪失する（同 476 条・645 条）。

　それに対し、自然人は営業の開始時に商人の資格を取得するが、全体的に観察し、基本的商行為を行う以前の開業準備行為についても、「附属的商行為（503 条）」として商人資格を取得できると考えられている。開業準備行為と基本的商行為には、営業活動としての関連性が強いためである。

　ただ、開業準備のいつの時期から商人資格が取得されたと見て、商法を適用すべきかについては判例の変遷もあるほか、学説も見解が分かれている。【設例】に関しても、そうした点を丁寧に検討する必要がある。

　①表白行為説は、開業広告・看板・店舗の開設等によって営業意思が一般的に表白されることを必要とするものである。大審院で当初採用されていた見解であるが（大判大正 14・2・10 民集 4 巻 56 頁）、取得時期の認定がかなり遅くなってしまう。②営業意思主観的実現説は、表白行為がなくても、

資金の借入等により営業意思を主観的に実現する行為があればよいとする（最判昭33・6・19民集12巻10号1575頁）。しかし、この説によれば、行為者の内心の事情で商法の適用の是非が左右されるという問題がある。

　③営業意思客観的認識可能説は、営業意思が主観的な実現するだけでは足りず、外部的に相手方に客観的に認識されるような行為が必要であるとし、現在の多数説・判例の立場になっている（最判昭47・2・24民集26巻1号172頁）。ただ、意思の実現を出発点にすべきとの批判も見られる。

　④段階説（特に3段階説）は、段階的・相対的に考えるものである。段階説によれば、第1に、営業意思が主観的に認識されただけの段階では、行為者は商行為性を主張できないが、相手方からは主張することができ、第2に、営業意思が特定の相手方に認識された段階では、行為者はその相手方に対しては商行為性を主張でき、第3に、営業意思が一般的に認識可能な状況になった段階では、行為者は何人に対しても商行為性を主張できるとする。段階説は柔軟ではあるが、技巧的であるほか、本来事実認定であるべき問題を、主張の可否という対抗問題に置き換えてしまっているとの批判等もある。

　なお、取引の安全・明確化を図るため、未成年者が商法4条の営業を行うときは、その登記をしなければならない（5条）。また、後見人が被後見人のために営業を行うときにも、登記が義務付けられるほか、後見人の代理権に加えた制限は善意の第三者に対抗することができない（6条1項・2項）。


¶ 演習テーマ
(1) 固有の商人・擬制商人・小商人とは、どのようなものか。商人性との関係において公法人や中間法人は、どのように位置付けられているか。
(2) 商行為の種類について説明しなさい。絶対的商行為と営業的商行為には、どのような違いがあるか。附属的商行為や一方的商行為とは何か。
(3) 商人資格の取得時期の認定には、どういった問題があるか。開業準備行為と附属的商行為との関係については、どのように考えられるか。

# 第3章　商号

☆ポイント⇒商号は顧客吸引力など、ビジネスの信用上きわめて重要な意味
　　　　　を持つ。商号を巡る原則の意義や登記との関係、不正防止のル
　　　　　ール等を学習しておきたい。名義貸の責任も主要な論点になる。

## 第1節　商号の意義

　商号とは、商人・会社がその営業・事業において「自己を表示するために
用いる名称」である。商品の図形等である「商標」や、営業を表示する記号
である「営業標（サービスマーク）」とは区別される。商号は文字をもって表
示できるものであり、ローマ字やアラビア文字を含む登記も可能である。

　なぜ、商法は商号を規制しているのであろうか。その理由は、主に2つあ
る。第1に、商号は、商人の信用の基盤であり、経済的・財産的な価値を持
つことから（顧客吸引力等）、商人の利益のため商号の保護が求められる。
第2に、商人の取引先や顧客が、不正な商号の使用によって損害を受けたり、
混乱することを防止し、社会・公衆の利益を保護することも重要になる。

## 第2節　商号選定自由の原則とその制限

　商人（会社および外国会社を除く。商法総則の編において同じ）は、「その
氏、氏名その他の名称」をもってその商号とすることができる（11条1項）。
商号と自己の氏名等や営業の実態・内容との一致を要求しておらず、「商号
選定自由の原則」という。例えば、「油屋」という旅館も認められる。

　わが国では、歴史的に屋号（越後屋、信濃屋等）を商号として使用する慣
習があり、それを保護する必要性が背景にある。この商号自由主義は英米法
系で認められる。他方、商号と商人の氏名や営業内容との一致を厳格に要求
する商号真実主義（フランス法系）や、新しい商号には一致を要求し、既存
の商号の譲渡・相続では不一致を許容する折衷主義（ドイツ法系）もある。

　わが国において商号の選定は原則として自由であるが、いくつかの重要な

制限もある。第1に、会社の商号については、会社法上、その商号中に会社の種類に応じて、株式会社、合名会社、合資会社または合同会社という文字を用いなければならず、他の種類の会社と誤認されるおそれのある文字を用いてはならない（会社6条1項・2項）。また、会社でない者は、その名称または商号中に会社であると誤認される文字を用いてはならない（同7条）。これらに違反すると、過料の対象になる（同978条1号・2号）。第2に、不正目的による商号使用の禁止等がある（同8条、12条等。後述）。

---

【コラム：商号単一の原則とは何か】

　商号については、「商号単一の原則」が認められている（大決大13・6・13民集3巻280頁）。商号単一の原則とは、「一個の営業については一個の商号」しか使うことができないというものである。ひとつの営業に複数の商号を使用して、一般公衆に誤解を与えることを防止する趣旨から認められる。

　会社を表す商号は常にひとつである。それに対し、個人商人が数種の営業を営む場合は、営業ごとに異なる商号を用いることができる（商業登記法43条1項3号参照）。いずれも、支店等の文字を付加してもよい。

---

## 第3節　商号の登記

　商号は、必ず登記しなければならないであろうか。個人商人は、その商号の登記をすることができるとされ（11条2項）、義務ではない。それに対し、会社の商号は設立の際の登記事項として義務付けられている（会社911条以下）。商号は社会的・経済的には営業の同一性を確認し、商人等の信用を表示するという重要な機能を持つため、公的な登記制度の対象になる。

　この点、商号の登記は、その商号が他人のすでに登記した商号と同一であり、かつ、その営業所（会社は、本店）の所在場所が当該他人の商号の登記に係る営業所の所在場所と同一であるときは、することができない（商業登記法27条。同一所在場所・同一商号の登記の禁止）。そして、商号の譲渡は営業との一体性から制限・限定されており、商人の商号は、①営業とともにする場合、または、②営業を廃止する場合、という2つの場合に限り、譲渡することができる（15条1項）。また、商号の譲渡は登記をしなければ、第三者に対抗することができない（同条2項）。登記が対抗要件として重視さ

れている。登記は商号の譲受人の申請による（商業登記法 30 条 1 項・2 項）。

## 第 4 節　商号権と不正使用の排除

### 1　商号の性質と商号権

¶【設例】

　　個人商人の A は、「更科」という商号で、蕎麦屋を長い間営業して
いた。しかし、その近所に B が「更科信州家」という類似の商号を使
って、やはり同様の蕎麦屋を新しく開店した。

　　そのため、A の店の顧客が A と B の商号を誤認し、客の相当数が B
に奪われた結果、A は多大な損害を被った。A は、B に対し、その商
号の使用を排除するための請求をすることができるか。

　【設例】のような商号を巡る争いは、実際に多い。商号は人格権的性質と
財産権的性質という 2 つの重要な法的性格・価値を有するためである。
　具体的な商号権としては、商号使用権と商号専用権の 2 つがある。第 1 に、
商号使用権は、商人がその商号につき他人によりその使用を妨げられない権
利である。第 2 に、商号専用権は、他人が同一または類似の商号を不正に使
用するのを排斥する権利になる。商号の使用権・専用権は、商号登記の有無
にかかわらず、事実上の商号の選定・使用によって生じる。商号は財産的性
質を有しており、「相続の対象」になる（商業登記法 30 条 3 項、32 条）。

### 2　不正使用の排除等

　商号については、不正使用の排除が重要になる。商法によれば、何人も、
不正の目的をもって、他の商人であると誤認されるおそれのある名称または
商号を使用してはならない（12 条 1 項、会社 8 条 1 項）。「不正の目的」とは、
営業主体を誤認させる目的と解されている。すなわち、自己の営業その他の
活動について、その他の商号を使用する者の営業であるかのように一般人を
誤認させる意図である。不正目的の認定には、不正な活動を行う積極的な意
思の存在も求められる（知財高判平 19・6・13 判時 2036 号 117 頁）。
　【設例】と同一の事案でも、「更科」という主要部分が同一であり、取引上

誤認・混同が生じる場合、商号の使用の差止め等を認めた判例がある（最判昭40・3・18判タ175号115頁）。会社の本店移転計画を妨害する目的の登記も、不正の目的に当たる（最判昭36・9・29民集15巻8号2256頁）。

　こうした商法12条1項に違反する名称または商号の使用によって、営業上の利益を侵害され、または侵害されるおそれがある商人は、その営業上の利益を侵害する者または侵害するおそれがある者に対し、その侵害の停止または予防を請求することができる（12条2項、会社8条2項）。商法12条1項に違反した商号の不正使用者は、過料の対象になる（13条。会社法8条1項違反では同法978条3号）。商号権の侵害については、一定の要件を満たすと、不法行為に基づく損害賠償の請求（民709条）も可能である。

### 3　不正競争防止法による規制

　商号の不正使用については、商法に加えて、不正競争防止法が広く実効的に周知商号の使用を禁止しており（同法2条1項1・2号）、重要である。同法によれば、需要者の間に広く認識されているもの（周知性要件）と同一・類似の商品等表示（商号等）により他人の営業と混同を生じさせる行為等は、「不正競争」として禁止される。罰則もある（同法21条2項1号）。

　不正競争防止法に違反する場合、行為の差止（同法3条）、損害賠償（同4条）、信用回復措置（同14条）を請求できる。「マンパワー・ジャパン株式会社」と「日本ウーマン・パワー株式会社」は、全体として類似しているおそれがあるとした判例（最判昭58・10・7民集37巻8号1082頁）等もある。

## 第5節　名板貸

### 1　名板貸の意義

¶【設例】

　　Aは「現金屋」の商号で電気器具商を営んでいたが、廃業し、他所に引っ越した。その後、Aの元使用人のBが、Aと同じ店舗で同一の商号を用いて、食料品店を営業していた。

　　その後、Bの取引先のCは、BをAと誤信して取引をしていた。Cは、Bが支払うことができなかった未払い代金について、「Aの名板

貸に基づく責任」を追及できるか。

商号は取引の信用上重要な意味を持つため、商号の貸し借り（いわゆる名義貸）がビジネスにおいて問題となることも多い。【設例】で問われている「名板貸ないし名義貸」とは、商人が他人に対して、自己の商号を使用して営業を行うことを許諾するものである（会社では、営業ではなく「事業」。以下、同じ）。名義を貸与する者を名板貸人（商号の使用許諾者）といい、名義の貸与を受けた者を名板借人（商号の借用者・名義借受人）という。

自己の商号を使用して営業または事業を行うことを他人に許諾した商人は、当該商人が当該営業を行うものと誤認して当該他人と取引をした者に対し、当該他人と連帯して、当該取引によって生じた債務を弁済する責任を負う（14条。会社法9条では、商人ではなく、会社になる）。権利外観理論ないし禁反言の法理に基づき名板貸人に厳格な連帯責任を負わせることにより、営業主体を誤認した取引相手を保護し、取引の安全を図る趣旨である。

## 2　名板貸の要件

名板貸の具体的な要件は、第1に、名板借人が名板貸人の商号を使用していることである（外観の存在）。商号に支店や出張所等の付加語を加えたり、簡略化した場合についても、その商号の使用と認められる限り、名板貸の規定による責任が生じうる（最判昭33・2・21民集12巻2号282頁）。学説上は、商人以外の者による氏名・名称の使用許諾にも、名板貸の規定の適用や類推適用の余地を認める見解も有力である。

さらに、名板貸の要件として、名板貸人と名板借人の営業が同種であることは求められるか。判例によれば、原則として営業の同種性が要件とされている（同種性要件）。【設例】のようなケースでは、営業の種類が異なっているが、例外として特段の事情（看板、印鑑、小切手帳、預金口座等がそのままで元使用人の使用を了知していたなど）が認定され、名板貸の責任を認めた判例が知られている（最判昭43・6・13民集22巻6号1171頁。現金屋事件。東京地判平28・5・29判タ1458号234頁も同様の判断枠組みで、営業の同種性と特段の事情を検討し、責任を肯定）。ただ、近時では営業内容

の多角化といった観点等から、営業の同種性は重過失を判断する一材料にすぎないとする学説も多い（非要件説）。

　第2に、自己の商号を使用して営業を行うことの許諾である（外観への帰責性）。この許諾は明示ではなく、「黙示の許諾」でもよい。自己の商号を他人が使用しており、放置・阻止しない場合、付加的に具体的事情も考慮して黙示の許諾の有無が判断されることになる。具体的な事情としては、名義人が名義使用者から経済的な利益を得ていたことや、名義使用者が名義人の親族や使用人等の近い関係にあったことなどが判例上挙げられている。なお、第三者の誤認の可能性が除去されない限り、許諾の撤回は認められない。

　第3に、相手方が名板貸人を営業主ないし取引主体と誤認したことである（外観への信頼）。取引の相手方が善意であるか、「重大な過失」がなかったこと（無重過失）が求められる（最判昭41・1・27民集20巻1号111頁）。重大な過失は悪意と同様に扱われるため、誤認して取引をした者に重大な過失があるときは、名義貸与者はその責任を免れることになる。

### 3　手形の振出等と名板貸

¶【設例】

　　　個人商人のAは、Bに対し商号の使用を許諾した。Bは、Aの商号を使用して営業はしなかったが、Aの商号により、銀行に当座勘定取引のための口座を開設して、約束手形を振り出した。

　　　約束手形の所持人Cは、Aに対し、名板貸の責任を追及できるか。

　名板貸の規定は、商取引の決済手段である手形のみの使用や許諾にも適用できるであろうか。第1に、商号使用が許諾された営業に関連して振り出された手形に名板貸の適用があることは、ほぼ一致して認められている。

　第2に、【設例】のように営業に商号が使われず、「手形行為のみに」商号が使用された場合が問題となる。手形行為（銀行口座の開設と手形振出）についてのみ名義が使用され、名義貸与者が黙認ないし積極的に加担していた場合、営業外使用ではあるものの、名板貸の規定の類推適用によって、手形金の支払義務が肯定されうる（最判昭55・7・15判時982号144頁）。

　第3に、「手形行為についてのみ」商号の使用が許諾された場合には、見解が分かれる。手形行為の性質（文言性等）を理由に名板貸の規定の適用ないし類推適用を否定した判例があるが（最判昭42・6・6判時487号56頁）、手形取引の安全を重視して適用を肯定する学説も多い。

## 4　名板貸の効果と適用範囲

¶【設例】

　　　顧客であるＡは、スーパーマーケットＢのテナント店のペットショップＣでインコを購入した（ＢとＣの商号は別）。しかし、インコが病気を持っており、その病気が家族に伝染し、Ａは損害を受けた。

　　　顧客のＡは、スーパーマーケットＢに対し、「商法・会社法の名板貸の規定」に基づき損害賠償の責任を追及できるであろうか。

　名板貸の要件を満たすと、その効果として、取引によって生じた債務は連帯責任になる。不真正連帯債務である。そこで、取引の相手方は、名板貸人および名板借人のいずれに対しても請求できる。なお、名板貸人が弁済責任を履行すると、名板借人は自己の債務を免れることから、名板貸人は名板借人に対し、不当利得（民703条）に基づき求償を求めることができる。

　ここでは、名板貸の責任の範囲はどこまで及ぶのかが問題となる。取引上の債務から生じたものであれば、直接生じた債務のほか、不履行による損害賠償債務についても責任を負う。ただ、不法行為によって生じた債務については、「事実的不法行為と取引的不法行為」といった重要な区分がある。

　自動車による交通事故のような純然たる事実的不法行為の場合には、取引に関する外観への信頼がないため、類推適用もできない（最判昭52・12・23民集31巻7号1570頁）。それに対し、取引の外形を持つ取引的不法行為（取込詐欺など）の場合には、名板貸の責任が適用されうる（最判昭58・1・25判時1072号144頁。タイヤの取込詐欺事件）。

　それでは、【設例】のようなテナント店のケースは、どのように考えられるであろうか。ＢとＣの商号は異なる。この点に関し、スーパーマーケットのテナント店のペットショップでインコを買った顧客に生じた損害について、

テナント契約を締結することなどにより、一般の買物客が営業主体を誤認するのもやむを得ないような外観を作出し、またはその作出に関与していたとして、名板貸の規定の類推適用によりスーパーマーケットに対し、損害の賠償責任を認めた判例がよく知られている（最判平7・11・30民集49巻9号2972頁）。この判例に対しては、外観への信頼を重視し、消費者保護を図った点を評価する見解もあるが、商法や会社法の名板貸の規定を店名の異なるテナント店にまで拡大することには慎重な見解も見られる。

---

**【コラム：名板貸とホテルのテナントのマッサージ店】**

　名板貸に関し、ホテル内のテナントであるマッサージ店に施術の過誤があり、後遺障害を負った宿泊客が同ホテルに対し損害賠償請求をした事案で、会社法9条の類推適用を認めた判例が現れている（大阪高判平28・10・13金判1512号8頁）。同判決は上記の平成7年の最高裁判決を参照しており、名板貸責任の重要性は大きくなっている。ホテルとマッサージ店の商号は別であった。

　同判例では、①営業主体を誤認混同させる外観、②外観を作出したことまたは作出への関与、③当該相手方が信頼して取引をしたこと、という3要件の構成が重視されている。なお、名板貸の責任は許諾した取引の範囲に限定され（最判昭36・12・5民集15巻11号2652頁）、その範囲を越えた取引の責任については、民法上の表見代理による責任のみが問題になる。

---

¶ 演習テーマ

(1) 商号の意義は何か。商号選定自由の原則と商号単一の原則について、その趣旨や内容を説明しなさい。商号と登記との関係はどうなるか。

(2) 商号の不正な使用には、商法上どのようなルールが設けられているか。差止めや損害賠償はどうなるか。不正競争防止法による規制はどうか。

(3) 名板貸の規定の意義と要件を検討しなさい。名板貸の適用範囲はどのように考えられるか。商号の異なるテナント店にも、類推適用できるか。

# 第4章　商業帳簿

☆ポイント⇒商業帳簿は、日々の商取引の記録ないし決算や会計に関する書
　　　　　類として重要性が大きい。商人・企業には、ビジネスのルール
　　　　　上、商業帳簿の適切な作成と保存等が義務付けられている。

## 第1節　商業帳簿の意義と作成等の義務

¶【設例】

　　Aは、個人で商店を開業しようと計画している。商人（個人商人）
　は、どのような「商業帳簿」を作成する義務があるのか。
　　Aが会社を設立して、ビジネスを行う場合はどうなるであろうか。

　　商人は、適正な商業帳簿の作成・保存等の義務を負う。商人は、その営業
のために使用する財産について、法務省令で定めるところにより、適時に、
正確な商業帳簿を作成しなければならない（19条2項、会社432条1項を参
照）。商業帳簿の内容は、日常の営業に関する帳簿と決算の書類になる。

　　なぜ商法は、商業帳簿の作成等の義務を商人・会社に課しているのであろ
うか。第1に、商人自身・会社経営者の合理的な経営のためである。第2に、
商人・会社の債権者や取引先にとって、財産等の状況は債権回収や取引の安
全を図るため重要な意義を持つ。第3に、出資者・投資者も出資した財産の
運用状況を知ることは欠かせない。第4に、商業帳簿は税金との関係や、営
業上のトラブルが生じて裁判になった場合に証拠として必要になる。

　　しかし、現実には、企業経営者による虚偽の帳簿の作成、不正な会計操作
による赤字や損失隠し・利益の水増し等といった粉飾決算事件も時折発生し
ている。不正を防止し、適正な商業帳簿の作成等を確保するのが商法や会社
法の役割である。なお、破産手続等において、債権者を害する目的で帳簿を
隠滅・偽造・変造すると、刑事罰の対象になり（破産法270条等）、虚偽の
決算書類の作成・公告については、過料や損害賠償等の責任を生じる場合も

ある（会社976条7号・429条2項等）。

> **【コラム：株式会社の決算書類の作成と公告】**
> 　大会社や上場会社の決算書類については、独立した公認会計士・監査法人の公正な会計監査等（会社328条等）が必要である。虚偽の記載等がある場合、金融商品取引法上、刑事罰や行政上の課徴金等の対象になりうる（197条等）。
> 　決算情報の公告も求められる（会社440条等）。中小企業にも会社法上、会計参与といった任意の機関があり、税理士等の会計のプロフェッショナルが企業の経理の適正化と信頼性の向上に大きな役割を持っている（会社333条等）。

## 第2節　商業帳簿の内容〜会計帳簿と貸借対照表〜

　商業帳簿とは、「会計帳簿および貸借対照表」をいう（19条2項かっこ書）。第1に、会計帳簿とは、商人が一定の時期や期間における取引その他「営業上の財産に影響を及ぼすべき事項」を記載した帳簿である。会計帳簿の典型例は、①日々の取引を記載する日記帳、②複式簿記により取引を貸方と借方に分類し記載する仕訳帳、③取引を勘定科目別に記録した元帳、になる。そのほか、補助簿である現金出納帳、仕入帳、総勘定元帳等も含まれる。

　第2に、貸借対照表（B/S、Balance Sheet）とは、一定の時期における商人・会社の財政状態を表示する帳簿である。貸借対照表は、開業時・各営業年度（通常の期間は1年）において会計帳簿に基づき作成しなければならない（商法施行規則7条。誘導法といい、実地調査による棚卸法ではない）。円単位や日本語等で表示される（同規則6条）。貸借対照表は、「①資産・②負債・③純資産」、の部に区分して表示され、それらの部は適当な項目に細分することができ、各項目には適当な名称を付さなければならない（同規則8条）。すべての株式会社には事業年度毎に、貸借対照表（大会社は貸借対照表と損益計算書）の公告が義務付けられている（会社440条）。

　貸借対照表は計算書類の中心である。上場会社には、金融商品取引法により貸借対照表等の財務諸表を含む「有価証券報告書（有報）」を毎年、金融庁のホームページ（EDINET）で開示することが強制される（同法24条以下）。なお、株主名簿や社債原簿・株主総会の議事録・事業報告（会社121条等）

等は会計記録ではないため商業帳簿ではないが、損益計算書（売上高・費用や収益等を表示）は商業帳簿（会社 435 条 2 項参照）と解されている。

## 第 3 節　商業帳簿の作成基準等

商人は、前述のように「適時に、正確な」商業帳簿を作成しなければならない（19 条 2 項、会社 432 条 1 項等）。「適時・正確」とは、まとめて作成するのではなく、適切な基準により適宜作成を義務付ける趣旨である。

その作成基準として、商人の会計は、「一般に公正妥当と認められる会計の慣行」に従うものとされ（19 条 1 項、会社 431 条等）、商法の用語の解釈および規定の適用に関しては、一般に公正妥当と認められる会計の基準その他の会計の慣行を斟酌（しんしゃく）しなければならない（商法施行規則 4 条 1 項・2 項等。斟酌規定という）。商業帳簿は、書面または電磁的記録をもって作成および保存をすることができる（商法施行規則 4 条 3 項）。

企業会計原則が、公正な会計慣行の中心である（企業会計審議会が作成）。この点、企業会計原則上の「継続性の原則」について、従来の会計処理の手続等を変更する場合、その変更が利益操作や粉飾決算を意図しているとか、会社の財産および損益の状況の公正な判断を妨げるおそれがある場合に限り、公正な会計慣行に違反するとした判例がある（東京地判平 17・9・21 判タ 1205 号 221 頁）。上場会社や大規模な会社向けには金融庁や公認会計士協会等により実務指針等が出されているほか、国際会計基準ないし国際財務報告基準（IFRS）もある。なお、中小企業向けの会計指針等も重要になる。

## 第 4 節　資産と負債の評価

### 1　資産の評価

商業帳簿に記載される資産と負債の評価は、どのようになるか。資産の評価方法には、①原価主義（取得原価・製造原価が基準）、②時価主義（市場価額・交換価額等が基準）、③低価主義（原価と時価の低い方）等がある。

資産や債権は、次のように記載される（商法施行規則 5 条 1 項～ 4 項）。商人の会計帳簿に計上すべき資産については、この規則等に別段の定めがある場合を除き、その取得価額を付さなければならない（同条 1 項。原価主義）。

ただし、取得価額を付すことが適切でない資産については、営業年度の末日（それ以外の日に評価すべき場合はその日）における時価または適正な価格を付すことができる（同項ただし書）。市場価額のある金融資産等である。

　また、償却すべき資産については、営業年度の末日において、相当の償却をしなければならない（商法施行規則5条2項）。原価主義を基準としつつ、減価償却を強制している。減価償却とは、資産の耐用期間に渡り、資産の取得価額を各営業年度に配分し、費用計上することをいう。費用収益対応の原則による。当期の利用に対応する額は減価償却費として当期費用に算入し、残額を資産に計上する。減価償却の方法には、定額法や定率法等がある。

　そして、①営業年度の末日における時価がその時の取得原価より著しく低い資産（時価が取得原価まで回復すると認められるものを除く）については、営業年度末日の「時価」を付さなければならず（時価主義）、②営業年度の末日において予測することができない減損が生じた資産または減損損失を認識すべき資産については、「その時の取得原価から相当の減額をした額」を付すことが必要になる（商法施行規則5条3項。減損会計）。さらに、債権は債権金額になるが（額面主義）、取立不能のおそれのある債権については、営業年度の末日においてその時に取り立てることができないと見込まれる額（取立不能見込額）を控除しなければならない（同条4項）。

## 2　負債の評価とのれん

　商人の会計帳簿に計上すべき負債については、商法施行規則または商法以外の法令に別段の定めがある場合を除き、債務額を付さなければならない（商法施行規則5条5項）。ただし、債務額を付すことが適切でない負債については、時価または適正な価格を付すことができる（同項ただし書）。

　「のれん（暖簾、営業権ともいう）」については、有償で譲り受けた場合に限り、資産または負債として計上することができる（商法施行規則5条6項）。「企業の合併・買収（M&A、Mergers & Acquisitions）」の際、デュー・ディリジェンス（DD）等の調査を経て、ブランド力等の価値を考慮してプレミアムを上乗せした金額を支払うことが多い。そこで、買収金額と純資産額との差額が生じ、差額を「のれん」という（会社計算規則11条も参照）。

## 第 5 節　商業帳簿の保存・提出命令・証拠力

　商業帳簿は、営業上の事項について、「重要な証拠」になる。そこで、商人は、帳簿閉鎖（決算の締切り）の時から 10 年間、その商業帳簿およびその営業に関する重要な資料を保存しなければならない（19 条 3 項、会社 432 条 2 項等）。「重要な資料」とは、契約書、請求書、領収書、伝票等といった将来の紛争に備えて事実関係や法律関係を証明するためのものをいう。

　商業帳簿の提出命令も重要である。裁判所は、①申立てにより、または②職権で、訴訟の当事者に対し、商業帳簿の全部または一部の提出を命ずることができる（19 条 4 項、会社 434 条等）。民事訴訟法の一般的提出義務の特則として、当事者の拒否事由を問わずに提出義務を課し、当事者の申立てによらず職権での提出命令を認める（民事訴訟法 219 条・220 条を参照）。

　商業帳簿は、公正な会計ルールによって継続的に作成されるため、一般に高い信頼性が認められているが、その証拠力は裁判官の自由心証による（大判昭 17・9・8 法律新聞 4799 号 10 頁）。不正な相場操縦（金融商品取引法 159 条）を立証する目的により、証券会社の作成する「有価証券売買日記帳と有価証券勘定元帳」の提出を求める申立てについて、それらは他の法令上の義務として作成されたものであり、商業帳簿ではないとした判例があるが（東京高決昭 54・2・15 下民集 30 巻 1 〜 4 号 24 頁）、資本市場のルールを重視する観点等からは批判も強い。


¶ 演習テーマ
(1)　商業帳簿の意義と内容について、説明しなさい。会計帳簿・貸借対照表とは何か。作成基準等はどうなるか。会社法等では、どうなっているか。
(2)　商業帳簿における資産と負債の評価には、どういったルールがあるか。原価主義や減価償却とは、どのようなものか。のれんの意義は何か。
(3)　商業帳簿の保存の期間はどのくらいか。商業帳簿の提出命令とは何か。

# 第5章　商業使用人

☆ポイント⇒商業使用人は企業内のビジネス活動の補助者として、重要性が
　　　　大きい。支配人の包括的な代理権や競業避止義務・表見支配人
　　　　制度のほか、支配人とその他の使用人との違いに注意したい。

## 第1節　商業使用人の意義と種類

¶【設例】

　　個人商店を営むＡは、ビジネスが好調である。そこで、営業活動を
　拡大するため、支配人等の商業使用人を雇用しようとしている。
　　商業使用人には、どのような種類があるか。また、支配人にはどう
　いった代理権が与えられており、義務が課されているのであろうか。

　商業使用人とは、企業内の補助者である。商人・会社が営業活動を拡大し、
スムーズに商取引を進めていくため、使用人の存在は欠かせない。そこで、
商法・会社法は一定の規制を設け、法的安定性を高めている（20条、会社
10条以下）。会社法も「会社の使用人」として、商法とほぼ同様の規定を設
けており、一体的に理解しておきたい。実際の会社組織の運営において使用
人は事業活動の中核を担っており、その重要性はきわめて大きい。

　商業使用人の意義に関しては、主に２つの点がポイントになる。第１に、
雇用契約により特定の経営者（商人・会社）に従属することであり（雇用契
約・特定性・従属性）、第２に、その対外的な商業上の業務（商人的な労務）
を補助することである（対外的代理権の保持）。したがって、商業使用人は
対外的な業務について、営業主を代理して行動する一定の代理権を有する。
反対に、対外的な業務に携わらない現金出納係や技師等は含まれない。

　第１の点に関して、商人が友人等に営業活動を行わせた場合のように、委
任関係はあるが、雇用契約のないケースでは商法の類推適用がありうると考
えられる。商業使用人は自然人であることを要する。商法が商業使用人の規

定を設ける趣旨は、商業使用人が有する「継続的な代理権」の発生・変更・消滅等を規制して、取引の円滑・安全を図ることにある。

---

**【コラム：商業使用人の3つの類型】**

　商業使用人の種類としては、「①支配人・②ある種類または特定事項の委任を受けた使用人・③物品販売店舗の使用人」、の3つのタイプがある。実質的な代理権の範囲により区別される。①の支配人とは、営業に関する全般的な包括的代理権を有する者であり、支店長、支社長、所長等が当たる。

　②の使用人は、特定された部分的営業の裁判外の行為につき、包括的な代理権を有する者であり、「部長、課長、係長等」がそれに相当する。③の物品販売店舗の使用人は、店舗内の物品の販売等の代理権を擬制される者になる。

---

## 第2節　支配人の意義と支配権

　商人（営業主）は、支配人を選任し、その営業所においてその営業を行わせることができる（20条。会社法10条では「本店または支店」の事業）。支配人は商人に代わり、包括的な代理権を有する。支配権という。名称によらず、営業主から営業に関する包括的代理権を付与されているか否かによる（多数説）。なお、営業主任者として選任された者と解する少数説もある。

　商人が支配人を選任したときは、その地位の重要性に鑑みて、その登記をしなければならず、支配人の代理権の消滅についても、同様に登記が義務付けられる（22条、会社918条）。支配人の登記事項は、支配人の氏名・住所・営業所等である（商業登記法43条〜45条。会社は証明書面も添付）。

　支配人は、他の使用人を選任し、または解任することができるが（21条2項、会社11条2項）、特別の授権がない限り、他の支配人を選任することはできない。株式会社の場合、支配人の選任は重要事項であるため、取締役の過半数による決定か、取締役会設置会社では取締役会の決議が必要になり、持分会社の場合、社員の過半数による決定が求められる（会社348条3項1号・362条4項3号等）。他方、支配人の退任は、①支配人の死亡・破産手続開始の決定や後見開始の審判を受けたこと（民653・111条1項2号）、②解除・解任・辞任、③営業の廃止・解散・破産、④雇用関係の終了による。た

だ、支配人の代理権は商行為の委任に基づくものであるから、「営業主の死
亡」は、支配人の代理権の消滅事由とならない（506 条）。

　支配人の代理権（支配権）の特色には、「①包括性と②不可制限性」がある。
第 1 に、包括性として、支配人は、営業に関する一切の裁判上の行為または
裁判外の行為（取引行為等）をする権限を有する（21 条 1 項、会社 11 条 1
項）。「裁判上の行為」においては、営業に関する訴訟行為について、商人
（営業主）の訴訟代理人となることができ（民事訴訟法 54 条）、別に訴訟代
理人（弁護士）を選任してもよい。ただし、営業の廃止・譲渡等といった営
業そのものを処分する行為はない。営業主の営業に関する行為であるか否か
は、その行為の性質・種類等を勘案し、客観的・抽象的に観察して決すべき
であり、支配人の主観的事情によらない（最判昭 54・5・1 判時 931 号 112
頁）。そのため、信用金庫支店長の小切手の振出は「営業に関する行為」に該
当するのに対し（同判例）、銀行の支店長等による靴下 5000 ダースの売買契
約はそれに当たらない（最判昭 32・3・5 民集 11 巻 3 号 395 頁）。

　もっとも、支配権の範囲は、商号と営業所（本店・支店）によって特定さ
れた範囲に限定される。数個の営業所の支配人を兼ねることは可能であり、
数個の営業所を通じて 1 人の支配人がいるときは、総支配人と呼ばれる。

　第 2 に、支配人の代理権の特色である不可制限性とは、「支配人の代理権」
に制限を加えても、善意の第三者に対抗することができないというものであ
る（21 条 3 項、会社 11 条 3 項）。取引の安全を確保する趣旨による。

　そこで、取引の種類・金額・地域・相手方等について、支配人の代理権に
内部的な制限を加えても、商人は善意の第三者にその制限を主張できない。
ただし、代理権の制限を知らなかったことにつき、重大な過失のある第三者
は保護されない（最判平 2・2・22 集民 159 号 169 頁）。

　他方、支配人が代理権を濫用した場合はどうなるか。支配人が自己または
第三者の利益を図る目的で、代理権の範囲内の行為をした場合には、相手方
がその目的を知り、または知ることができたときは、無権代理とみなされ、
営業主や会社（本人）がその追認をしなければ、本人に対してその効力を生
じない（民 107 条・113 条以下）。無権代理人は、原則として相手方の選択に
従い、相手方に対して履行または損害賠償の責任を負う（民 117 条）。

## 第3節　支配人の義務

　支配人は、善管注意義務（民 644 条）を負うほか、商法上特別の不作為義務を課されている。支配人は「商人の許可」を受けなければ、次に掲げる行為をしてはならないとして、営業・競業取引・兼任が禁止される（23 条 1 項 1 号～ 4 号。会社 12 条 1 項も同様）。①自ら営業を行うこと、②自己または第三者のためにその商人の営業の部類に属する取引をすること、③他の商人または会社もしくは外国会社の使用人となること、④会社の取締役、執行役または業務を執行する社員となること、である。支配人は包括的な代理権を持ち、商人の営業の機密に通じる地位にあるため、広範囲の精力分散防止義務・職務専念義務が課されている。専心・忠実な職務遂行が求められる。

　特に②の「競業避止義務」は、得意先を奪う等といった商人と支配人の利益相反を防止している。②の営業の部類に属する取引（競業取引）とは、営業主である商人の営業または準備中の営業と、同種または類似の商品等の取引で、商人と取引先が競合し、商人と支配人との間に利益衝突を生じるおそれがある取引になる。商人（会社法では会社）の許可を要する。

　こうした規制に違反した取引自体は、取引の安全の見地から有効であるが、商人は義務違反を理由として、支配人を解任したり、支配人に損害賠償を請求できる。さらに，支配人がこの規定に違反し、②の競業取引をしたときは、その行為によって支配人または第三者が得た利益の額は、商人に生じた損害の額と推定される（23 条 2 項、会社 12 条 2 項）。損害額の推定規定という。立証責任を軽減し、損害を受けた商人の救済を容易にする趣旨である。

## 第4節　表見支配人

### 1　表見支配人の意義

¶【設例】

　　A会社の「大阪中央支社長B」が、同支社長の名義で取引先Cから多額の金銭を借り入れた（約束手形の振出等）。しかし、これはBの権限外の行為であった。

　　その後、取引先のCは、A会社に対しそれらの金銭の支払を請求し

　　たが、Bには借り入れを行う権限が与えられていないとして支払を拒
　　否された。Cは、Bが表見支配人に当たるとして、A会社の責任を追
　　及できるか。

　【設例】では、支社長の肩書が問題になっている。こうしたときに適用が
問題になる「表見支配人」とは、支配人のような肩書がある場合、一定の要
件のもとで、たとえ包括的な代理権がなくても権限を有するものと擬制し、
商人・会社の責任を認め、肩書（名称）への信頼を保護している。

　そこで、商人の営業所の「営業の主任者であることを示す名称」を付した
使用人は、その営業所の営業に関し、一切の裁判外の行為をする権限を有す
るものとみなされる（24条。会社法13条では「本店または支店の事業に関
し」）。ただし、相手方が悪意であったときは除外される（同条ただし書）。

　表見支配人の規定は権利外観理論ないし禁反言の法理に基づき、善意の第
三者（取引先等）の信頼を保護し、取引の簡易・迅速を図っている。支配人
の氏名は登記事項であるが、本規定は登記の一般的効力（9条1項、会社
908条1項）の例外として優先的に適用される（第7章の登記の項目を参照）。

## 2　認定要件

　表見支配人の認定要件としては、以下の3つが重要になる。第1に、営業
所の営業の主任者を示す名称（肩書）を付していることである（外観の存在）。
そのような名称としては支配人・支店長・営業所長・店長等があり、【設例】
の支社長もそうした名称になるが、支店次長・所長代理・支店庶務係長等の
上席者の存在を示すものは当たらない。民法の表見代理の特別法になる。

　さらに、判例・多数説によれば、表見支配人となるには、営業所（会社で
は、本店または支店）の実体・実質を備えていなければならない（実体必要
説。最判昭37・5・1民集16巻5号1031頁）。その理由としては、条文上
営業所が重視されていること、民法の表見代理（民109条）の無過失要件に
代えて実体が必要とされること等が挙げられている。

　営業所の実体・実質の具体的徴表としては、「①専属の従業員がいること、
②その長が部下への指揮権をもつこと、③帳簿が本店と別であること、④営

業所名で銀行に口座を有すること、その他の諸事情」を総合的に考慮して決定すべきとされている。ただし、実体の調査は必ずしも容易ではなく、取引の安全を害することを理由に、少数説として実体不要説も主張されている。実体不要説によれば、営業所（本店・支店）の表示について保護に値する外観があれば実体の有無を問わず、本規定の適用が肯定される。

したがって、【設例】でも多数説・判例では、大阪中央支社の実体がなければ、表見支配人の要件を満たさないことになる。生命保険相互会社について、前掲の最高裁の判例（昭 37・5・1）は【設例】とほぼ同様の事案で、表見支配人の規定の適用を否定し、会社の責任を認めていない（保険会社には保険業法により会社法 13 条の表見支配人の規定が準用される）。なお、営業所の実体を備えていない場合も、本店または支店として登記されていると、登記の効果（9 条 2 項等）から、表見支配人の規定が適用されうる。

第 2 に、商人（営業主）が使用人に名称の使用を許諾していることである（外観への帰責性）。許諾は明示的・黙示的であるかを問わない。営業主が使用人の勝手な名称の使用を知りつつ放置しているときも、その状況によっては黙示的な許諾が認定されうる。

第 3 に、相手方の善意であり、悪意の場合には適用されない（外観への信頼）。多数説・判例によれば、重大な過失がないこと（無重過失）を要する（表見代表取締役に関する、最判昭 52・10・14 民集 31 巻 6 号 825 頁等）。

悪意とは、その者が支配人でないことを知っていることであり、悪意の有無は、取引の時を基準に判断される（最判昭 33・5・20 民集 12 巻 7 号 1042 頁参照）。悪意かどうかを判断する際の相手方は、その取引の直接の相手方に限られるが、手形行為の場合には手形上の記載で形式的に判断されるべきものではなく、実質的な取引の相手方をいう（最判昭 59・3・29 判時 1135 号 125 頁）。こうした 3 つの要件を満たすと、支配人と同一の一切の裁判外の行為をする権限を有するものと擬制される（裁判上の行為は除く）。

## 第 5 節　その他の使用人

支配人のほか、その他の使用人には 2 つのタイプがある。第 1 は、部課長ともいわれ、一定の権限を持つ。「商人の営業に関するある種類または特定

の事項の委任を受けた使用人」は、当該事項に関する一切の裁判外の行為を
する権限を有する（25条1項、会社14条1項。以前は番頭・手代と呼称）。

　その代理権に加えた制限は、善意の第三者に対抗できない（同条2項）。
第三者には、重大な過失のある者は含まれない（下記の最判平2・2・22）。

　名称ではなく、実質的な代理権により判断されるが、部長・課長・係長等
が一般的に該当する。販売や仕入れ等の委任を受ける。取締役貿易部長や一
営業部門の実質を有する組織体の責任者がこれに当たるとした判例がある一
方、銀行の本店審査部付調査役を否定したものもある。会社の特定の業務を
担当する執行役等が受任した活動についても、類推適用の余地がある。

---

**【コラム：係長と売買契約の代理権】**

　代理権のない商社の物資部繊維課洋装品係長が、取引先と結んだ売買契約の
責任はどうなるか。最高裁は、ある種類または特定の事項の委任された者であ
ることなどを主張・立証しなければならないが、「代理権を授与されたことま
でを主張・立証することを要しない」として会社の責任を認めている（最判平
2・2・22集民159号169頁）。

　この判例を巡っては、事実行為の委任を基礎に代理権を擬制する趣旨と見る
見解がある（代理権擬制説）。そのほか、事実行為の委任の証明があれば、代理
権についての立証責任を転換するものと解する見解等も主張されている。

---

　第2は、物品の販売等の店舗の使用人である。物品の販売等（販売、賃貸
その他これらに類する行為をいう）を目的とする店舗の使用人は、その店舗
に在る物品の販売等をする権限を有するものとみなされる（26条、会社15
条）。相手方の信頼を保護する趣旨であり、レンタル店等も含まれる。ただし、
相手方が悪意であったときは、除外される（同条ただし書）。

## 第6節　営業所

　商業使用人は、主に営業所で活動を行っている。営業所とは、商人の営業
活動の中心となる一定の場所である。営業所においては、営業活動について
の指揮命令が発せられると同時に、活動の成果がそこに統一される。

　営業所には、表見支配人の要件や、債務の履行場所、裁判・商業登記所の
管轄の基準等の法的効果が結び付けられている。

　複数の営業所がある場合、営業全体を統括する主たる営業所を「本店」、それ以外の従たる営業所を「支店」という。ある程度独立した営業活動を行うものであれば、出張所や支社等の名称であっても、支店と認められる。

## 第 7 節　支配人と株式会社の取締役等の比較

　会社の使用人のうち、特に支配人については、よく株式会社の取締役・代表取締役と比較される。取締役等は会社の機関である役員等として、会社と委任の関係に立ち（会社 330 条）、重要な権限を与えられている。

　そのため、会社と雇用関係にあり、支配従属的な地位にある使用人とは異なるが、類似する点もある。まず、代表取締役は包括的な代表権として裁判上または裁判外の権限を有し、その権限に不可制限性がある点は支配人と同様である（会社 349 条 4 項・5 項）。登記が必要になる（同 911 条 3 項）。表見支配人と同じく、表見代表取締役といった制度もある（同 354 条）。

　他方、取締役には善管注意義務と忠実義務のほか、競業避止義務が課されているが（会社 330 条・355 条・356 条 1 項 1 号）、営業自体や種々の兼任は禁止されておらず、支配人と比べると、規制対象となる範囲が狭い（利益相反取引の規制はある）。代表取締役・取締役の規制については、指名委員会等設置会社の代表執行役・執行役も同様であり（会社 420 条 3 項・421 条）、持分会社の業務執行社員にも類似の規定がある（同 593 条以下）。

¶ 演習テーマ
(1)　支配人の権限の特色はどこにあるか。取締役等とはどのように違うのか。
(2)　支配人の義務には、どのようなものがあるか。職務専念義務や競業避止義務とは何か。支配人以外の使用人には、どういった類型があるのか。
(3)　表見支配人の意義と要件について、説明しなさい。その要件として営業所の実質・実体が必要であると解する場合、判断の基準はどうなるか。

# 第6章　代理商

☆ポイント⇒代理商は一般に代理店等と呼ばれ、企業のビジネスを外部から補助する。企業内の商業使用人とは異なり、独立性・固有の義務と権利・継続的な活動への配慮等に制度上の特色がある。

## 第1節　代理商の意義とメリット

¶【設例】

　　商人のAのビジネスは、順調に伸びていた。そこで、Aは、その営業活動をさらに拡大するため、取引の仲介をする「独立した代理商」を活用することを考えている。

　　商人や会社が代理商を利用する場合、どのようなメリットがあるか。そして、代理商には商法上どのような規制が設けられているのか。

　商人・会社が営業活動を拡大する場合、「独立の代理店等」を活用することも、スピーディーで効率的なビジネスの展開を可能にするひとつの方法になる。代理商とは、商人や会社のためにその平常の営業（事業）の部類に属する取引の代理（締約代理商）または媒介（媒介代理商）をする者で、その商人等の使用人でないものをいう（27条かっこ書、会社16条かっこ書）。

　代理商には2つのタイプがある。①代理をする者を締約代理商、②媒介をする者を媒介代理商という。特定の商人の補助者として、本人たる商人との間の「継続的な関係」があり、また、商人の営業の部類に属する取引の代理または媒介を行う「独立の商人」である。代理商の典型は損害保険代理店であり、締約代理商に当たる。一般には、代理店や特約店等といわれる。

　商人が代理商を利用するメリットは、代理商の知識・経験の利用、手数料のみによる経営費用の節約、業務監督の不要、企業規模の柔軟な伸縮等がある。独立した企業外補助者（補助商）である代理商かどうかは実質的に判断され、企業内補助者の商業使用人と代理商との区別は、営業所の所有関係、

営業費の負担、報酬が手数料か定額か等といった基準による。

　また、代理商は仲介業者のひとつであるが、不特定多数人のための企業外補助者である、仲立人、問屋、準問屋、運送取扱人とは異なる。商人や会社と継続的な関係にある点で、単なる代理人とも相違する。

## 第 2 節　代理商の義務と権利

### 1　法的性質と義務

　代理商の法的性質は、取引の代理は委任（民 643 条）であり、取引の媒介は準委任（同 656 条）になる。善管注意義務を負う（民 644 条）。商法上の特別な義務としては、通知義務と競業避止（禁止）義務の 2 つが重要である。

　第 1 に、代理商は、取引の代理または媒介をしたときは、遅滞なく、商人に対して、その旨の通知を発しなければならない（27 条、会社 16 条）。受任者の報告義務を定める民法 645 条の特則として、本人の請求や委任の終了を問わず、取引ごとの通知を求めている。迅速性の要請から、強化している。

　第 2 に、代理商は、競業取引等を禁止され、いわゆる競業避止義務を負う。すなわち、代理商は、商人の許可を受けなければ、次に掲げる行為をしてはならない（28 条 1 項、会社 17 条 1 項）。①自己または第三者のためにその商人の営業の部類に属する取引をすること（競業取引）、②その商人の営業と同種の事業を行う会社の取締役、執行役または業務を執行する社員となること、である。商人の利益を保護する見地から、その許可を求めている。

　商人と代理商との関係は継続的な性質を有しており、代理商は企業機密（得意先、営業のノウハウ等）を知りうる立場にあるため、このような義務が課されている。ただ、商業使用人と比べると、独立の商人である代理商の禁止の範囲はかなり狭い（23 条 1 項を参照）。

　代理商がこの規定に違反して、①の行為をしたときは、その行為によって代理商または第三者が得た利益の額は、商人に生じた損害の額と推定される（28 条 2 項等）。損害額の立証はきわめて困難であることから、損害額の推定規定により、商人の救済を容易にしている。取引の安全を図るため、違反した取引自体が、無効となることはない。義務違反の効果については、支配人の場合と同じく、契約解除の事由や損害賠償の責任になる。

## 2　代理商の権利と権限

### (1)　留置権

　代理商の権利としては、留置権がある。代理商は、取引の代理または媒介をしたことによって生じた債権（手数料その他の報酬請求権・立替金の償還請求権等）の弁済期が到来しているときは、その弁済を受けるまでは、商人のためにその代理商が占有する物または有価証券を留置することができる（31条本文、会社20条本文）。ただ、当事者が別段の意思表示をすることは可能であり、特約で排除できる任意規定になる（同条ただし書）。

　代理商の留置権は、本人との委託関係が継続的である「代理商の保護」を図り、企業の信用取引の円滑や安全を図るために特別に認められる。代理商の仲介業務の特質から、商人の所有となっていない物を第三者から得て、商人のために占有することが少なくない点に配慮されている。

　この留置権には、①被担保債権と留置の目的物との牽連関係が要求されず、②目的物が債務者（本人）の所有物である必要もなく、③本人との商取引によって代理商の占有に帰したことも要件とされていない。これらの点で、民法の留置権（民295条）や商人間の留置権（521条）よりも強力であり、同様の性質を持つ問屋にも準用されている（557条）。留置した物の競売権等も認められており、特別な保護を受ける（民事執行法195条、破産法66条1項等）。もっとも、委託者・本人が全く無権限であったり、取引権限の取得が社会通念上不可能な場合にまで、問屋・代理商に留置権を認めて保護するものではない（東京高判平12・6・22金判1103号23頁）。

### (2)　通知受領権限

　代理商と第三者との関係において、代理商はどのような権限を持つであろうか。物品の販売またはその媒介の委託を受けた代理商は、目的物の種類・品質または数量の不適合の通知（526条2項）その他売買に関する通知を受ける権限を有する（29条、会社18条）。

　代理商に通知の受領権限を与えることによって、買主の便宜を図ったものである。目的物の不適合のほか、売買の取消し、解除の意思表示等の通知の受領権も有するが、特別な授権のない限り、商人のための支払の猶予や代金の減額・受領等をする権限までは認められない。

## 第3節　契約の終了・解除

　代理商の契約は、委任の一般的終了原因（民653条）のほか、本人の営業の廃止や会社の解散によって終了するが（ただ、本人の死亡では終了しない（506条））、商法においてはその継続的な関係に鑑み、特則が設けられている。商人および代理商は、契約の期間を定めなかったときは、2か月前までに予告して、その契約を解除（解約）できる（30条1項、会社19条1項）。

　「2か月前の予告（解約告知）」は、委任は各当事者がいつでも契約を即時に解除できるとする民法651条の特則として、一方的解除に予告を求めている。この規定は任意規定と解されており、解除期間は当事者間の合意によって伸縮できるほか、告知権放棄の特約や即時解除の特約も許されうる。解約告知によって損害が生じても、賠償請求は認められない。

　ただし、「やむを得ない事由」があるときは、商人および代理商は、いつでもその契約を解除することができる（30条2項等）。この場合、契約期間の有無を問わない。やむを得ない事由とは、その継続が社会通念上著しく不当と見られる場合である。具体的には、代理商の競業禁止義務違反・不誠実や重病、本人である商人の手数料債務の不履行、営業の破綻、信頼関係の破綻など代理商契約の継続が社会通念上著しく不当と認められる事由になる。

　他方、契約期間の定めがあるときは、本人と代理商はともにその定めに拘束される。損害保険会社とその代理店との間で契約の解除が争われた事例もある（東京地判平10・10・30判時1690号153頁）。契約の解除の際に損害が生じれば、賠償も請求しうる（民652条は同法620条を準用）。

¶ 演習テーマ

(1) 代理商の意義と役割について、説明しなさい。商業使用人・仲立人・問屋等とは、どのような相違があるか。締約代理商・媒介代理商とは何か。

(2) 代理商の義務と権利には、どのようなルールがあるか。支配人や営業譲渡と比べて、代理商の競業避止義務の特色はどうなっているか。

(3) 代理商の契約の終了や解除は、どのようになるか。その趣旨は何か。

# 第 7 章　商業登記

**☆ポイント⇒商業登記は行政上の公的な制度により、商取引の安全・円滑を図るものである。一般的公示力等の様々な強い効力が付与されており、登記にはビジネス上重要な意義が認められている。**

## 第 1 節　意義

　商業登記制度は重要な事項を公示することにより、商号・会社等の信用の維持を図り、かつ、取引の安全と円滑に資することを目的としている（商業登記法 1 条）。公示主義という。商法総則と会社法の規定により登記すべき事項は、商業登記法の定めるところに従い、「商業登記簿」にこれを登記する（8 条、会社 907 条）。商業登記は公的な制度基盤として長く定着しており、取引相手は重要な企業情報を入手して、安心して取引をすることができる。

　商業登記簿には、「商号・未成年者・後見人・支配人・株式会社・合名会社・合資会社・合同会社・外国会社」の 9 つの種類がある（商業登記法 6 条）。附属書類もある（同法 11 条の 2）。商業登記は、商人・会社に関する登記であり、船舶登記・不動産登記・公益法人等の法人登記とは異なる。

## 第 2 節　登記事項と登記官・公示等

　登記事項には、絶対的登記事項と相対的登記事項の 2 つがある。登記が義務付けられる絶対的登記事項は、登記を怠ると、不利益を受けたり、会社では、取締役等に過料の制裁が課されうる（9 条 1 項、会社 976 条 1 号）。会社の登記の手続は、代表者またはその代理人が行う（商業登記法 17 条 2 項、47 条 1 項）。

　相対的登記事項は、登記するか否かは任意である（個人商人の商号の登記等）。いずれにしても、商法等の規定により登記した事項に変更が生じ、またはその事項が消滅したときは、当事者は遅滞なく、変更の登記または消滅の登記をしなければならない（10 条、会社 909 条）。私法上の義務になる。

登記は原則として当事者の申請によるが（当事者申請主義）、裁判所書記官の嘱託や、登記官の職権・利害関係者の申請による場合もある（8 条、会社 907 条、商業登記法 14 条等）。登記の事務は、当事者の営業所の所在地を管轄する法務局や地方法務局か、これらの支局または出張所（登記所という）がつかさどり、その事務は登記官（法務局等の長が登記所の法務事務官から指定）が取り扱う（商業登記法 1 条の 3 等）。法務大臣は、登記所の事務の委任や事務の停止等をすることができる（同法 2 条以下等）。

登記所の登記官の審査権に関しては、形式的審査主義と実質的審査主義の対立があるが、現行法は形式的審査主義を採用し、形式上の適法性についてのみ審査する権限と義務を有するにすぎない（商業登記法 24 条。最判昭 43・12・24 民集 22 巻 13 号 3334 頁等）。登記事項は公示され、登記事項証明書や概要の書面の交付のほか、附属書類の閲覧が可能であり、オンライン登記情報提供サービスも利用されている（同法 10 条以下。手数料は必要）。

## 第 3 節　登記の一般的効力（公示力）

¶【設例】

　　A 会社は、B 会社と商取引をしていた。ある時、B 会社の代表取締役の C は退任し、その旨の変更の登記もされた（代表権を喪失）。

　　ところが、C は退任した後も、代表取締役と称して A 会社から B 会社の名義で多額の金銭を借入れるなどの行為をしていた。A 会社は、C の行為について、B 会社に対し責任を追及できるか。

登記には、どのような効力があるか。【設例】では退任の登記がなされており、登記の効力との関係が問題になる。登記の一般的効力には、「消極的公示力と積極的公示力」の 2 つがある。主に取引の安全を図っている。

第 1 の消極的公示力は、登記前の効力である。登記すべき事項は、登記の後でなければ、これをもって善意の第三者に対抗できない（9 条前段、会社 908 条 1 項前段）。悪意者には主張できる。次の積極的公示力（アメ）とも相俟って、消極的公示力（ムチ）は登記を促進させる効果を持つ。

第 2 の積極的公示力は、登記後の効力になる。登記の後であっても、第三

者が正当な事由によってその登記があることを知らなかったときは、第三者に対抗することができない（9 条後段、会社 908 条 1 項後段）。

　この「正当な事由」は、地震・災害による交通途絶や登記簿の滅失汚損等の客観的障害に厳格に限定され、病気や長期旅行等の主観的事情は含まれないと解されている。そのため、ほとんどの場合、登記をした後には、第三者は登記事項を知っているものとみなされる。悪意擬制の効力という。【設例】とほぼ同様のケースについて、民法 112 条の表見代理の適用ないし類推適用を否定し、正当な事由を限定的に解釈した判例もある（最判昭 49・3・22 民集 28 巻 2 号 368 頁、最判昭 52・12・23 判時 880 号 78 頁。手形の振出）。

　こうした判例を契機に、商法上の表見支配人・会社法上の表見代表取締役等に関する商人・会社の責任を定めた「表見規定ないし外観信頼保護の規定（24 条、会社 354 条等）」と、登記の効力（9 条 1 項、会社 908 条 1 項）との関係については、活発な議論がなされている。取締役の退任等の登記がなされ、悪意擬制の効力が生じた後には、取引の安全を図り、善意の第三者を保護するための商法・会社法上の表見規定は適用を排除されるであろうか。

　この点、①多数説である「例外説」は、会社法上の表見代表取締役の規定は登記の公示力の例外とし、②正当事由弾力化説は正当事由に含めて考え、善意の第三者を保護する。これに対し、③異次元説は、外観主義に基づく表見規定と公示主義に基づく登記の効力は別次元の規定であるとし、民法の表見規定も含め、【設例】のような場合も表見規定が適用されうるとする。

---

### 【コラム：登記の一般的効力の適用範囲】

　登記の一般的効力の適用範囲は、どうなるか。登記は商取引の安全やビジネスの円滑を図るものであるから、登記の当事者と第三者との間で利害の対立がある場合に重要になる。そのため、商法 9 条は、登記当事者の相互間や第三者相互間には適用されない（最判昭 29・10・15 民集 8 巻 10 号 1898 頁参照）。

　これに対し、登記の効力が「取引行為ではない民事訴訟（代表者の決定）」には適用されないという判例もあるが（最判昭 43・11・1 民集 22 巻 12 号 2402 頁）、この点については見解が分かれる。学説上の多数説は、訴訟にも取引活動の延長の面があるなどとして、判例とは異なり、その適用を肯定している。

## 第4節　不実登記

¶【設例】

　　Aは、B株式会社の代表取締役として登記されていた。しかし、A
はいわゆる「名目上の代表取締役」であり、法定の選任のために必要
な手続も経ておらず、同社の営業にも全く関与していなかった。

　　その後、B会社は倒産した。そこで、損失を被った同社の債権者C
は、Aに対し取締役の第三者責任（会社429条1項）を追及できるか。

　不実登記とは何か。例えば、【設例】のような名目上の代表取締役の登記は、
登記と事実ないし真実が相違する不実登記に当たる。手続上も実体的側面か
らも、適法な代表取締役と評価できないためである。この点、故意または過
失によって「不実の事項」を登記した者は、その事項が不実であることをも
って善意の第三者に対抗することができない（9条2項、会社908条2項）。

　外観理論ないし禁反言の法理（以前と矛盾した主張や行為を禁止する英米
法の理論。エストッペル）に基づいて取引の安全を図るとともに、登記への
信頼を保護している（公信力）。名目上ないし登記簿上の代表取締役・取締
役は、現実によく見られる。こうした場合、不実登記の規定を経ることによ
り、「役員等がその職務を行うについて悪意または重大な過失があったときは、
当該役員等は、これによって第三者に生じた損害を賠償する責任を負う」と
いう取締役等の第三者責任の規定（会社429条1項）が適用されうる。

　そこでは、不実登記の規定が適用されるための要件が重要になる。第1に、
真実と異なる登記（不実の登記）の存在である（外観の存在）。第2に、不実
の登記の作出につき、登記をした者の故意または過失である（外観への帰責
性）。不実登記を知りながら放置しているなどの場合にも、責任を問われる
可能性がある。第3に、第三者の善意である（外観への信頼）。登記を見て、
それが真実であると積極的に信頼したことまでは必要でないが、登記の基礎
となっている事実について信頼をよせていることは求められる。不実の登記
事項と同一の事項について、善意であれば足りる。

　取締役の不実登記の場合、その就任登記につき承諾を与えたときは、登記

申請者（本来は会社）ではなくても、不実登記の「出現に加功」したもので
あるから、不実登記の規定の類推適用により責任が認められる（最判昭47・
6・15民集26巻5号984頁、大阪地判平28・1・13判時2306号77頁）。
不実登記作出の加功性が重視され、損害賠償の責任も生じうる。

　そこで、【設例】の名目上の代表取締役Aも会社の債権者に対し、責任を
問われうる。ただ、取締役の辞任の登記が未了で登記が残存している場合は、
登記の残存に明示的に承諾を与えていたなどの特段の事情のない限り、第三
者に損害賠償責任を負わない（最判昭63・1・26金法1196号26頁）。

## 第5節　商業登記の特殊的効力

　商業登記は重要な公示機能を有しており、法制度上特別な効力を与えられ
ている。前述した一般的効力のほかには、以下のような特殊的効力もある。
第1に、創設的効力としては、会社の設立や新設合併等の登記（会社49
条・922条等）がある。第2に、補完的効力（治癒的効力）には、設立登記
による会社成立後は錯誤・詐欺・強迫を理由とする株式の引受けの取消しが
できなくなる場合（会社51条2項・102条6項。瑕疵の補完）等がある。

　第3に、強化的効力には、外国会社が登記により継続的な取引を認められ、
地位が強化される場合（会社818条）等がある。信頼性が強い。第4に、免
責的効力（付随的効力）には、持分会社の社員の退社等の登記による一定期
間後の責任の消滅（会社612条2項等）の例がある。第5に、対抗力として、
登記は商号の譲渡の第三者への対抗要件にもなる（15条2項）。

¶ 演習テーマ
(1) 商業登記の意義はどこにあるか。商業登記簿には、どのような種類があ
　るのか。登記事項の区分と登記官の審査権限の範囲はどうなっているか。
(2) 商業登記の一般的効力には、どういった意義や区分があるか。悪意擬制
　の効力とは何か。表見規定・外観信頼保護の規定との関係はどうなるか。
(3)「不実登記」の意義と要件を検討しなさい。不実登記の具体的な事例には、
　どのようなものがあるか。商業登記の特殊的効力とは何であろうか。

# 第8章 営業譲渡（会社の場合は事業譲渡）

☆ポイント⇒営業譲渡は、企業の活動や組織等の大きな変更である。M&A
取引にもなる。営業譲渡の当事者間には、どういったルールが
あるか。また、譲渡人の取引先等との関係はどう扱われるか。

## 第1節 営業譲渡の意義

¶【設例】

　　Aは、パンの製造・販売業を営んでいたが、Bにその営業を譲渡し
ようとしている。包括的な営業活動や財産等の譲渡である。

　　AからBへの営業譲渡の際、その当事者（譲渡人と譲受人）には、
どのような義務と責任が課されているか。Aの債権者や債務者（取引
先等）との関係においては、どういった注意が必要であろうか。

　【設例】のような営業の譲渡は、ビジネスではよく行われる。営業の譲渡
人と譲受人がその当事者であり、会社の事業の譲渡の場合、譲渡会社と譲受
会社になる（営業と事業は同義）。営業（事業）譲渡は譲渡人（売り手）にと
って、不要な営業財産等を売却すれば相当の対価を得られるため、資金獲得
の手段になる。営業全体の一部の譲渡であれば活動をスリムにして、経営の
効率化や財務改善を図ることができる。企業活動の承継にも有用である。

　他方、買い手となる譲受人にとって、他の企業から営業の譲渡を受けて営
業財産等を取得することは、経営規模の拡大という大きなメリットがある。
営業譲渡は、広い意味の企業の買収（M&A）・組織再編になり、他の企業の
顧客やノウハウ等をスピーディーに得ることができる。ただ、詐欺行為を理
由として、事業譲渡契約の取消しを認めた判例もある（東京地判平29・3・
9金判1522号46頁）。そのため、営業譲渡の契約の際には、慎重な交渉や
調査（デュー・ディリジェンス、DD）が必要になりうる。

　営業には、①主観的意義と②客観的意義がある。①主観的意義における営

業とは、商人の営業活動である。そして営業譲渡で重要になる、②客観的意義における営業としての営業財産とは、「一定の営業目的のため組織化され、有機的一体として機能する財産」をいう（最判昭40・9・22民集19巻6号1600頁）。なお、営業財産の構成要素としての個々の財産（機械・備品等）は「営業用財産」と呼ばれ、営業財産とは区別されている。

　営業財産はまとまった包括的な財産であるため、積極財産に加えて消極財産（負債等）も入る。積極財産には動産・不動産・債権・無体財産権等だけでなく、得意先・仕入先・営業上の秘訣・ノウハウ等といった経済的価値のある事実関係（のれん（暖簾））も含まれうる。こうした最高裁の判例の基準は、その後の判例（東京地判平28・11・11判時2355号69頁等）に継承されている（下記のコラムも参照）。

　「営業譲渡」は、営業財産の移転を目的とする債権契約である。当事者間の合意で成立する。営業譲渡においては、包括的な営業財産が同一性を維持しながら移転されることが必要であり、取引の安全を図るため、商法上特別な規制が設けられている（16条、会社21条以下）。会社法の「事業譲渡」は営業譲渡とほぼ同義であり（前述）、株式会社が事業を譲渡する場合、出資者である株主を保護するため、原則として株主総会の特別決議や反対株主の株式買取請求権等といった重要な手続が必要になる（会社467条以下）。

【コラム：営業（事業）譲渡の3つの要素】
　営業譲渡・事業譲渡の意義を巡っては、活発な議論がある。判例は、会社法467条以下の事業譲渡と同法総則の21条以下の事業譲渡の意義は同一であり（同一説）、事業譲渡とは、①一定の営業目的のため組織化され、有機的一体として機能する財産の全部または重要な一部の譲渡、②事業活動の承継、③競業避止義務の負担、という3つの要素を要件にしていると一般に理解されている（前掲・最判昭40・9・22）。最近の判例では、特に②が重視される。
　これに対し、学説では、特に会社法467条以下の承認等の手続が必要になるのは、株主保護の観点から①を中心とし、②や③は不要とする見解も有力である。とりわけ③は、事業譲渡の効果であり、要件ではないとも解される。

## 第2節　当事者間における効果

　営業譲渡がなされる際、当事者にはどのような義務が生じるか。営業譲渡の当事者間における効果としては、譲受人による譲渡人への対価の支払義務といった契約上の義務のほか、「①営業財産の移転義務と②競業避止義務」の2つがある。違反には、債務不履行等により、損害賠償責任が生じうる。

　第1に、譲渡人は営業譲渡契約に基づいて、契約の目的とされた営業財産に属する各種の財産を譲受人に移転する義務を負う。営業譲渡は、取引法上の行為として、包括移転である会社の合併等の組織法上の行為とは異なるため、個別の移転行為と対抗要件を具備しなければならない。

　例えば、①動産は引渡し（民178条）、②不動産は登記（同177条）、③債権は債務者への通知や承諾（同467条）、④特許権等は登録等が必要になる。⑤得意先・仕入元への紹介に加え、営業上の秘訣・ノウハウの伝授も求められる。なお、譲受人が商人でない場合、譲受けにより商人になる。

　第2に、競業避止義務が、営業譲渡の実効性を確保するために重要になる。まず、営業を譲渡した商人（「譲渡人」）は、当事者の別段の意思表示がない限り、同一の市町村（特別区を含み、地方自治法252条の19第1項の指定都市にあっては区または総合区）の区域内およびこれに隣接する市町村の区域内においては、その営業を譲渡した日から20年間は、同一の営業を行ってはならない（16条1項、会社21条1項。競業の禁止）。譲受人を保護する趣旨による。特約によって、義務の区域・期間の拡大や縮小もありうる。

　次に、譲渡人が同一の営業を行わない旨の特約をした場合には、その特約は、その営業を譲渡した日から30年の期間内に限り、その効力を有する（16条2項、会社21条2項）。無制限の競業の禁止は、譲受人の保護の限度を超えて譲渡人の営業の自由を不当に制限するほか、過度な競争制限が消費者・顧客の利益を害するためである。そこで、例えば、50年の営業禁止の特約では、30年の部分は有効であるが、その後の20年に限り無効になる。

　さらに、これらの規定にかかわらず、譲渡人は、「不正の競争の目的」をもって同一の営業を行ってはならない（16条3項等）。この禁止規定は、上記第1項・第2項の場合とは異なり、地域や期間を問わない。この点、会社法

21条3項に基づいて、事業（ウェブサイト上の衣類売買事業）を譲渡した会社が競業行為を行って、譲受人（個人商人）の顧客を奪おうとするなど事業譲渡の趣旨に反する目的（不正競争の目的）で譲渡した事業と同一の事業を行ったとして、差止め請求と不法行為による損害賠償請求を認容した判例もある（知財高判平29・6・15判時2355号62頁）。この事例では、ネット通販事業の競業について、場所的制約のない会社法21条3項が活用された。

## 第3節　営業上の債権者に対する関係

### 1　商号を続用する場合

¶【設例】

　　Aは、運輸業を営んでいたが、Bに対し、その営業を譲渡した。Bが「Aの商号」を続用する場合、Aの債務を弁済する責任を負うか。
　　それに対し、BがAの商号を続用しない場合は、どのように考えられるか。債務引受広告や、詐害営業譲渡との関係ではどうなるか。

　【設例】のような営業譲渡の際には営業財産が移転し、営業主体が変わるため、当事者との関係だけでなく、第三者（取引先等）との関係における公正な利害調整も重要になる。第三者とは、譲渡人の債権者と債務者であり、特に商号が続用される場合には営業主体の誤認が生じやすいため、第三者の外観への信頼を保護し、取引の安全を図る必要がある（外観保護説）。

　そこで、商法は、営業譲渡において、営業を譲り受けた商人（「譲受人」という）が譲渡人の商号を引き続き使用する場合には、その譲受人も、譲渡人の営業によって生じた債務を弁済する責任を負うとしている（17条1項、会社22条1項）。一般原則によれば、債務引受の手続（債権者の承諾）をとらなければ、営業上の債務は依然として譲渡人のもとに残る。これに対し、商法の規定は債権者の誤認を救済するため、商号の続用という定型的な要件により譲受人の外観上の責任を認め、譲受人にも弁済責任を課している。

　この商号の続用責任は、不真正連帯債務になる（重畳的債務引受と同様）。一般に外観法理の趣旨に基づく責任と解されているが、第三者の主観的要件（善意・無重過失）が条文上明示されておらず、その要否等にも議論がある

（不要説が多い。宇都宮地判平 22・3・15 判タ 1324 号 231 頁等）。他方、①営業を譲渡した後、遅滞なく、譲受人が譲渡人の債務を弁済する責任を負わない旨を登記した場合や、②譲受人および譲渡人から第三者に対しその旨の通知をした場合におけるその通知を受けた第三者については、弁済する責任を免れる（17 条 2 項、会社 22 条 2 項）。①の免責登記と②の免責通知では、免責の範囲が異なる。免責登記をしても、譲受人が対外的に債務を返済するような行動をするなどの事情があれば、債務の支払拒絶は信義則違反とされる場合もありうる（東京地判平 16・7・26 金判 1231 号 42 頁等）。

【コラム：商号続用の判断基準】
　商号の続用には重要な効果があるため、商号の続用の是非の判断基準がよく問題になる。商号の主要部分が同一である場合には、続用が認められうる。
　この点、「会社の種類を異にし、かつ『新』の字句を附加」した場合、商号の続用に当たらないとした判例がある（最判昭 38・3・1 民集 17 巻 2 号 280 頁の新米安商店事件）。しかし、「新」の字句の附加等により続用を否定するのは形式的に過ぎるとして、判例とは異なり、商号の続用を肯定する見解も多い。

　商号の続用責任に関しては、重要な判例が多い。①営業の現物出資に本規定を類推適用したもの（最判昭 47・3・2 民集 26 巻 2 号 183 頁の鉄玉組事件等。営業の賃貸借や経営委任にも類推適用可能）、②ゴルフ場の預託金を請求したケースで、商号ではなく「ゴルフクラブの名称」を継続使用している場合に、外観への信頼を保護したもの（最判平 16・2・20 民集 58 巻 2 号 367 頁。類推適用）、③会社分割に類推適用したもの（最判平 20・6・10 判時 2014 号 150 頁）などがある。屋号のほか、標章（商標）の続用にも類推適用されうる（東京地判平 31・1・29 金判 1566 号 45 頁の貸金返還等の請求事件、東京地判平 27・10・2 判時 2292 号 94 頁の銀行の貸付金の支払請求事件等）。なお、営業譲渡後に譲渡人が新たに負担した債務は、譲受人の責任の範囲に含まれない（それ以前の債務が対象。責任額は無制限）。

　このうち③に関し、組織法上の行為である会社分割（会社 757 条以下）と、取引法上の行為である事業譲渡（同 467 条以下）との異同がビジネス上重要であり、主要な論点になる（会社法のテキスト等も参照）。会社分割と事業譲渡については、基本的な性質や法規制の内容は異なるが（事業の実質・債

権者保護の手続の要否、無効の訴えの方法等）、共通する面もあり（株主総
会の特別決議・反対株主の株式買取請求権等）、十分整理しておきたい。

## 2　商号を続用しない場合

　譲受人が譲渡人の商号を引き続き使用しない場合においても、譲渡人の営
業によって生じた「債務を引き受ける旨の広告（債務引受広告という）」を
したときは、譲渡人の債権者は、その譲受人に対して弁済の請求をすること
ができる（18条1項、会社23条1項）。禁反言の法理に基づく責任になるが、
外観法理との関係には議論がある。債務引受広告といえるためには、営業譲
渡の事実を示すにすぎないものでは足りず、社会通念から見て広告の趣旨が、
譲受人が営業によって生じた債務を引き受けるものと一般に債権者が信頼す
るようなものでなければならない。不特定多数の債権者に宛てたものであれ
ば、個別的な通知であってもこの広告に含まれうる。

　ただし、単なる挨拶状は、債務引受広告に当たらない（最判昭36・10・13
民集15巻9号2320頁）。そこで、債務引受広告の該当性は、事例に即して
個別具体的に判断される（否定例は東京高判平10・11・26判時1671号144
頁、肯定例は東京高判平12・12・27金判1122号27頁等を参照）。

　以上のように、商号の続用や債務引受広告により、譲受人が譲渡人の債務
を弁済する責任を負う場合には、譲渡人の責任は、営業譲渡・債務引受広告
の日の後2年以内に請求または請求の予告をしない債権者に対しては、その
期間を経過した時に消滅する（17条3項・18条2項、会社22条3項・23条
2項）。こうした除斥期間が経過した後は、譲受人のみが責任を負う。

## 3　詐害営業譲渡における残存債権者の保護

　詐害的な営業譲渡への対応も重要になる。譲渡人が譲受人に承継されない
債務の債権者（いわゆる「残存債権者」）を害することを知って営業を譲渡
した場合には、残存債権者は、その譲受人に対して、承継した財産の価額を
限度として、当該債務の履行を請求することができる（18条の2第1項、会
社23条の2第1項）。詐害営業譲渡に当たる場合には、裁判外で譲受人に対
しても直接自己の債務の履行を請求できるという点で、債権者の保護が強化

されている。債権者の直接請求権という。

　ただ、その譲受人が営業の譲渡の効力が生じた時において残存債権者を害することを知らなかったときは、除外される（18条の2第1項ただし書）。譲受人の責任は、詐害営業譲渡を知った時から2年以内に請求または請求の予告をしない残存債権者に対しては、その期間を経過した時や、営業の譲渡の効力が生じた日から10年を経過したときに消滅する（同条2項）。

　また、譲渡人について破産手続開始の決定または再生手続開始の決定があったときは、残存債権者は、譲受人に対してそうした請求をする権利を行使することができない（18条の2第3項）。会社法上の詐害事業譲渡や、詐害的（または濫用的）な会社分割についても、同様の規律となる（会社23条の2・759条4項以下等）。なお、商号続用責任を含む商法等の債権者保護とは別に、民法の詐害行為取消権（民424条以下）を行使することも可能である。会社の濫用的なケースなどでは、法人格否認の法理の活用もありうる。

## 第4節　営業上の債務者に対する関係

### 1　商号を続用する場合

　第三者として、「譲渡人の債務者」との関係についても重要になる。営業譲渡に際して、譲受人が譲渡人の商号を引き続き使用する場合、前述のように営業主体の誤認が生じやすい。そのため、商号の続用がある場合、譲渡人の営業によって生じた債権について、その譲受人にした弁済は、弁済者が善意でかつ重大な過失がないときは、その効力を有する（17条4項、会社22条4項）。善意とは、営業譲渡があったことを知らないことをいう。

　商号続用という外観を信頼した債務者を保護し、たとえその債権が譲渡されていないときでも有効なものとして、善意・無重過失の弁済者に生じうる二重弁済リスクを免れるようにしている。善意弁済のルールという。営業譲渡により、譲渡人の営業上の債権は原則として譲受人に移転するが、特約によって一部の債権を除外し、移転していない場合もありえるためである。

### 2　商号を続用しない場合

　商号が続用されない場合、営業譲渡に伴って営業上の債権が譲受人に譲渡

され、対抗要件が具備されれば、債務者は譲受人に弁済しなければならない。ただ、債権が移転されないと、債務者は譲渡人に弁済すべきことになる。

　商号の続用がない場合、営業主体の誤認のおそれは少ないので、弁済をする債務者の保護は民法の一般原則によるにとどまる（民478条・479条）。その場合、譲受人が受領権者としての外観を有する場合に限られることに加え、債務者が善意で、かつ無過失でなければ、弁済は有効にならない。

## 第5節　商人と会社との間の事業の譲渡・譲受け

　商人と会社との間において、事業・営業の譲渡や譲受けがなされるときには、商法と会社法の適用がそれぞれ問題になる。第1に、会社が商人に対してその事業を譲渡した場合には、その会社を商法の「譲渡人（16条1項、営業を譲渡した商人）」とみなして、商法の商号続用の責任や詐害営業譲渡等の規定（17条から18条の2まで）が適用される（会社24条1項）。

　第2に、会社が商人の営業を譲り受けた場合には、その商人を「譲渡会社」とみなして、会社法の商号続用の責任や詐害事業譲渡等の規定（会社22条から23条の2まで）が適用されることになる（同法24条2項）。

¶ 演習テーマ
(1) 営業譲渡・事業の譲渡の意義はどこにあるか。営業譲渡における当事者間の義務として、競業禁止（避止）義務等にはどういった特色があるか。
(2) 営業譲渡において譲渡人の債権者は、どのように保護されるか。商号の続用がある場合と、商号の続用がない場合に分けて検討しなさい。会社分割と事業譲渡の違いは、どこにあるか。詐害営業譲渡のルールとは何か。
(3) 営業譲渡において譲渡人の債務者との関係では、どのような規定があるか。商号の続用の有無によって、どういった違いを生じるか。商人と会社との間の事業や営業の譲渡等は、どのように扱われるであろうか。

# 第2編　商行為法 (海商法も含む)

# 第1章　商行為法の総則

☆ポイント⇒「商取引」には、特別なルールがある。ビジネスに応じた代理
　　　　　と委任の関係、商事契約の成立、商事留置権等の意義と要件・
　　　　　重要な特質等について、民法と比較して学習しておきたい。

## 第1節　商行為の代理・委任

　商法においてはビジネス・ローとして、商人・商行為（商取引）に関し、
「民法の一般原則」に対する重要な特則が数多く設けられている。迅速性の
重視のほか、取引上の厳格な責任や信用力の強化等といった商法の持つ主要
な特質を知ることは、企業の事業活動にとってきわめて有用である。

¶【設例】〰〰〰〰〰〰〰〰〰〰〰〰〰〰〰〰〰〰〰〰〰〰〰〰〰〰〰〰〰〰〰〰〰〰〰

　　商人のＡは多忙であった。そこで、Ａは商取引を行う際に、Ｂを自
　己の代理人としている。
　　この場合、Ｂが、「Ａのためにすることを示さないで」行った商取
　引に関し、取引の効果やＡの責任はどのように考えられるか。そのほ
　か、商行為の代理・委任の特別なルールについて、説明しなさい。

〰〰〰〰〰〰〰〰〰〰〰〰〰〰〰〰〰〰〰〰〰〰〰〰〰〰〰〰〰〰〰〰〰〰〰〰〰〰〰〰〰

　【設例】のように、商取引ないしビジネスにおいて代理人が利用されるこ
とは多い。その場合、代理人の行為について、商法ではどのように扱われる
であろうか。代理人のＢは、本人であるＡのためにすることを示していない
ので、その行為は無効であり、Ａには責任が生じないとも考えられる。

　第1に、商行為の代理については、非顕名主義が採られている点に注意を
要する。すなわち、商行為の代理人が「本人のためにすることを示さないで

これをした場合」であっても、その行為は、本人に対してその効力を生ずる（504条本文）。簡易・迅速性を図るものであり、「本人のためにすることを示すこと」を求める民法の代理の顕名主義（民99条1項・100条）の例外になる。そこで、【設例】のBの行った商取引も、Aに責任が生じうる。

　他方、相手方が、代理人が本人のためにすることを知らなかったときは、代理人に対して履行の請求をすることは妨げられない（504条ただし書）。判例は、商法504条本文によって本人と相手方との間には代理関係が生じているが、相手方が代理であることを無過失で知らなかった場合には、同条ただし書によって相手方と代理人との間にも同一の法律関係が生ずるものとし、相手方は、どちらの関係を主張するかの選択権を有するとしている（最判昭43・4・24民集22巻4号1043頁）。選択権を認め、善意・無過失の取引の相手方を保護するものである（学説上は、無重過失とする見解が多い）。

　第2に、商行為の受任者は、委任の本旨に反しない範囲内において、委任を受けていない行為をすることができる（505条）。これは、民法の委任における善管注意義務（民644条）を明確にした注意規定と解される。

　第3に、代理権の消滅事由の特例として、商行為の委任による代理権は、「本人の死亡」によっては消滅しない（506条）。営業活動の継続性が重視される。民法では、本人の死亡により代理権は消滅する（民111条1項1号）。

## 第2節　商事契約の成立

¶【設例】

　　商人であるAは、商人のBからビジネスにおいて、契約の申込みを受けた。AとBは、かなり以前から継続的な取引関係にある。

　　しかし、Aは、Bの申込みについて、承諾の通知をしないまま放置していた。Bは、Aに対し「契約の成立」を主張できるであろうか。

【設例】では、AがBの申込みに対し承諾の通知をしておらず、契約が成立しているかどうかがポイントになる。契約成立の要件に関しては、商取引の迅速性を重視する商法において種々の特則が設けられている。

　第1に、「隔地者間」における契約の申込みの特則がある。商人である隔

地者の間において、承諾の期間を定めないで契約の申込みを受けた者が「相当の期間内に」承諾の通知を発しなかったときは、その申込みは効力を失う（508条1項）。承諾の通知を受けるのに相当の期間の経過までは、申込者が撤回をする権利を留保したときを除き、原則として撤回できないとする民法525条1項と対照的に、「当然の失効の効果」が認められる。「相当の期間」は、目的物の価格変動の激しさ、過去の取引の態様、申込者の態度等から個別具体的に判断される。この期間を過ぎて遅延した承諾をした場合、その承諾を新たな申込みとみなすことができる（508条2項。民524条の準用）。

　他方、対話者に対してした承諾の期間の定めのない申込みは、その対話が継続している間は、いつでも撤回することができる（民525条2項）。そうした申込みに対して対話が継続している間に、申込者が承諾の通知を受けなかったときは、申込者が対話の終了後もその申込みが効力を失わない旨を表示したときを除き、その申込みはその効力を失うことになる（同条3項）。

　第2に、申込みに対する諾否通知義務がある。商人が平常取引をする者から、「その営業の部類に属する契約」の申込みを受けたときは、遅滞なく、契約の申込みに対する諾否の通知を発しなければならない（509条1項）。商人がこの通知を発することを怠ったときは、その商人は契約の申込みを承諾したものとみなされる（同条2項）。プロである商人の決定の容易性を前提に、商取引の迅速性を確保し、申込者の合理的期待や信頼も保護している。

　これは契約成立の一般原則（民522条以下）と対照的であり、承諾が擬制される点にポイントがある。ただし、その対象である営業の部類に属する契約は「基本的商行為」に限定され、附属的商行為は含まないとする見解が多い。借地権の放棄の申込みは「営業の部類に属するもの」ではないとして商法509条の適用を否定した判例もある（最判昭28・10・9民集7巻10号1072頁）。【設例】においても、以前から取引があるため、商人であるAがBから受けた申込みの内容等によっては承諾が擬制され、契約が成立する。

　第3に、「物品の保管義務」がある。商人がその営業の部類に属する契約の申込みを受けた場合において、申込みとともに受け取った物品があるときは、その申込みを拒絶したときであっても、申込者の費用をもってその物品を保管しなければならない（510条）。もっとも、①その物品の価額がその費

用を償うのに足りないとき、または、②商人がその保管によって損害を受けるときは、受領物の保管義務の対象から除外されている（同条ただし書）。

　保管義務の適用範囲は、申込者自身が適切な措置を迅速に採ることが難しい「隔地者」に限られうる。見本品等を送る見本売買が多い商取引を迅速かつ円滑に進め、商人の信用を高める趣旨である。なお、民法の原則では、単に申込者の返還請求に応じるだけでよく、物品の保管等の義務はない。

## 第3節　商行為の営利性

　商法は営利性を重視しており、商行為には種々の点に営利性が認められている。第1に、「報酬の請求権」がある（有償性）。商人がその営業の範囲内において、他人のために行為をしたときは、「相当な報酬」を請求することができる（512条）。特約がなければ委任者に報酬を請求できないとする、民法の「受任者の無償原則」（民648条1項等）と対照的である。「相当な報酬」の額については、内容や作業時間等が総合的に考慮されうる（東京地判平28・5・13判時2340号83頁は、企業買収の作業に一定の報酬を認定）。

　第2に、「消費貸借の利息請求権」も認められる。商人間において金銭の消費貸借をしたときは、貸主は法定利息を請求することができる（513条1項）。これに対し、民法では、貸主は特約がなければ借主に利息を請求できないとされ、無利息が原則である（民589条1項。消費貸借契約の無償性）。

　第3に、「立替金の利息請求権」もあり、商人がその営業の範囲内において他人のために金銭の立替えをしたときは、その立替えの日以後の法定利息を請求することができる（513条2項。前述の報酬請求権と同様の要件）。これも民法では、認められないこともある（民702条1項の事務管理の場合のほか、同650条1項等も参照）。

## 第4節　取引の安全の確保等

　商取引については、特に取引の安全の確保が要請される。そうした要請が以下のような種々の局面に現れている。第1に、多数当事者の債務の連帯性がある。数人の者がその一人または全員のために商行為となる行為によって債務を負担したときは、その債務は、各自が連帯して負担することになる

（511 条 1 項）。人的担保を強化し、商事債務の履行を確保する趣旨である。これに対し、民法では多数当事者の債務については「等しい割合の分割債務」が原則になる（民 427 条）。

第 2 に、保証人の連帯性である。保証人がある場合において、①債務が主たる債務者の商行為によって生じたものであるとき、または、②保証（保証する行為）が商行為であるときは、主たる債務者および保証人が各別の行為によって債務を負担したときであっても、その債務は、各自が連帯して負担する（511 条 2 項）。民法では別段の意思表示（特約）がなければ、保証は連帯保証とはならず、①保証人の責任は補充的であり（民 446 条）、②保証人は催告の抗弁権（同 452 条）や検索の抗弁権（同 453 条）を持つ。

また、民法上保証人が数人ある場合には、分別の利益をも有する（民法 456 条が同 427 条の「分割債務の原則」を適用）。民法に比べて、商法はかなり責任を強化している。商行為を目的とする共同企業体の各構成員は、共同企業体がその事業のために第三者に対して負担した債務につき、商法 511 条 1 項により連帯債務を負うとした判例もある（最判平 10・4・14 民集 52 巻 3 号 813 頁）。なお、商法 511 条についての反対の特約は可能である。

第 3 に、「流質（りゅうしち）契約」の許容である。民法では債務者保護のため、「契約による質物の処分」が禁止され、質権設定者は、設定行為または債務の弁済期前の契約において、質権者に弁済として質物の所有権を取得させ、その他法律に定める方法によらないで質物を処分（売却）させることを約することができない（民 349 条）。

これに対し、商法は、商行為によって生じた債権を担保するために設定した質権については民法の適用を否定している（515 条）。商人には自衛力があり、金融の便宜にも利用できるというメリットがあるため、流質契約が許容されているのである。債務者にとっての商行為に限定する見解が多い。

第 4 に、営業所の重視である。商行為の債務の履行の場所について、①商行為によって生じた債務の履行をすべき場所が、その行為の性質または当事者の意思表示によって定まらないときは、特定物の引渡しはその行為の時にその物が存在した場所において、②その他の債務の履行は債権者の現在の営業所（営業所がない場合にあっては、その住所）において、それぞれしなけ

ればならない（516条）。この点、民法484条1項は、弁済の場所について、原則として特定物の引渡しは債権発生の時にその物が存在した場所、その他の弁済は債権者の現在の住所としており、商法と対照的になっている。

　商取引の決済では、営業所が中心になる。なお、法令または慣習により取引時間の定めがあるときは、その取引時間内に限り、弁済をし、または弁済の請求をすることができる（民484条2項）。

## 第5節　商事留置権（商人間の留置権）

　商事留置権ないし商人間の留置権は強力であり、企業のニーズが多い。商人間において、その双方のために商行為となる行為によって生じた債権が弁済期にあるときは、債権者は、別段の意志表示がない限り、その債権の弁済を受けるまで、その債務者との間における商行為によって自己の占有に属した債務者の所有する物または有価証券を留置することができる（521条）。

　特別な留置権により、商人間の信用取引を確保する趣旨である。個別の担保権の設定を回避し、商取引の迅速性が重視されている。商事留置権の要件は一般的牽連性（関連性）として、商人間の商行為によって生ずる債権一般と、その両者間の商行為によって債権者が占有を取得した債務者の所有物一般との間の牽連性で足り、民法のような個別的牽連性（民295条1項）は必要とされていない。なお、不動産も、商人間の留置権が目的物として定める「物」に当たり、運送委託料の支払債権の弁済を受けるまで、土地を留置できるとした判例もある（最判平29・12・14民集71巻10号2184頁）。

> **【コラム：留置権と個別的牽連性（関連性）】**
> 　留置権は、担保として自己の権利を確保するため、ビジネス上重要な意味を持っている。代理商・問屋の留置権（31条、557条）については、被担保債権と留置の目的物との個別的牽連性（関連性）が必要とされていない点で、商人間の商事留置権と同様に強力である。民法上の民事留置権の特則になる。
> 　それに対し、運送取扱人・運送人の留置権（562条、574条）には、債権（報酬や費用等の請求権）と物（運送品）との個別的な牽連性が必要とされており、その成立要件は制限的である。荷受人の利益保護の要請による。

　商事留置権は実務上のニーズから判例が多く、争点も増えている。第1に、

建築請負人が「占有していた敷地」に対する商事留置権は成立するであろうか。請負業者の敷地の占有は占有補助者によるもので独立性のないことや、土地の占有は建物に対する占有の反射的効果としての間接的占有にすぎず、請負人と注文主との間の商行為としての請負契約に基づくものではないことなどを理由に、商事留置権の成立に必要な占有とは認められないとする判例が多い（東京高判平11・7・23判時1689号82頁等）。この否定説に対しては、商法は占有の趣旨・目的・経緯等を問題にしていないとして、土地の外形的占有の事実だけで商事留置権は成立するとの肯定説も主張されている。

　第2に、債務者が破産した場合、商事留置権はどうなるであろうか。この点に関し、銀行が手形割引のために約束手形を預かっていたところ、その手形を発行した会社が破産し、破産管財人が銀行に手形の返還を請求した事案がある。このケースで最高裁は、手形につき商事留置権を有する者は、破産会社の破産宣告後も手形の返還請求を拒絶することができ、手形の占有を適法に継続しうるとしている（最判平10・7・14民集52巻5号1261頁）。判例は破産手続開始後も商事留置権の留置的効力は存続するとして存続説を採用しているが、破産法の原則や趣旨を重視する消滅説も有力である。


¶ 演習テーマ

(1) 商行為の代理・委任には、どのような特則があるか。民法の一般原則とは、どのように違うのか。非顕名主義や代理権の消滅事由とは何か。

(2) 商事契約の成立には、どういったルールがあるか。「諾否通知義務」とは何か。受領した物品の保管義務が発生するのは、どのような場合か。

(3) 商事留置権の意義と内容等について、説明しなさい。民法の留置権や、商法の問屋・運送人等の留置権と比べて、どのような特質があるのか。

# 第2章　商事売買等

**☆ポイント⇒商人間のプロ同士の取引には、売主保護の観点等から、買主の検査義務等により商取引の円滑を図っている点に注意したい。また、消費者に関する取引等には、重要な特別法も多い。**

## 第1節　商人間売買の意義

¶【設例】

　　商人であるＡ（売主）は、商人のＢ（買主）との間で商品の売買契約を締結した。商人間の売買である。

　　しかし、買主であるＢは自身の事情により、売買の目的物である商品の受領を拒んでいる。そのため、商品の引き渡しができず、困った売主のＡは、商法上どのような対応を取ることができるか。

　【設例】では売買契約が、商人の間で行われている。商人間の売買は専門的知識を有するプロ同士の取引になるため、通常の契約とは異なる重要な特則があり、基本的に売主の利益を強く保護するためのものになる。

　商人間売買では、なぜ売主保護の原則がとられているのか。①取引の安全や迅速性の要請や、②商取引では売主と買主の立場に互換性があることによる。適用範囲は双方的商行為に限定され、任意規定になる（特約等は可）。

## 第2節　売主の供託権・自助売却権

　【設例】のように商人間（プロ同士）の売買で買主が商品を受領できない場合、売主の立場はどうなるであろうか。商人間の売買において、買主がその目的物の受領を拒み、または受領することができないとき、売主はその物を供託し、または相当の期間を定めて催告をした後に競売に付することができる（524条1項前段）。「自助売却権（競売権）」により、売主を保護している。この点、民法では供託が原則であるが（民494条）、商法では供託と競売

の選択権が売主に与えられており、売主にとって有利である。

　この場合において、売主がその物を供託し、または競売に付したときは、遅滞なく買主にその旨の通知を発しなければならない（524条1項後段）。発信主義が採用され、民法495条3項の到達主義と対照的になる。ただし、損傷その他の事由による価格の低落のおそれがある物は、催告をしないで競売に付することができる（524条2項）。目的物を競売に付したとき、売主は、その代価を供託しなければならないが、代価の全部または一部を代金に充当することもできる（同条3項）。代金債権の弁償期の到来を要する。

## 第3節　定期売買（確定期売買）

　売買には、その状況から特定の日時等が重要な場合がある。定期売買ないし確定期売買という。そこで、商人間の売買において、①売買の性質または②当事者の意思表示により、「特定の日時または一定の期間内に」履行をしなければ契約をした目的を達することができない場合において、当事者の一方が履行をしないでその時期を経過したときは、相手方は、直ちにその履行をした場合を除き、契約を解除したものとみなされる（525条）。

　定期売買は2つに分類される。第1に、契約の性質によるもの（絶対的定期行為）の例には、クリスマス用品、暑中見舞いのうちわ、中元や歳暮用品等がある。季節商品や投機商品等になる。第2に、意思表示によるもの（相対的定期行為）の例としては、特殊な事情がある土地の売買契約（最判昭44・8・29判時570号49頁）、特定日のイベント会場で販売するタオルの売買契約（東京地判平21・4・21判タ1315号266頁）等が見られる。

　他方、民法の原則によれば、契約の解除には意思表示が必要であり（民540条・542条1項4号。催告は不要）、それがなければ契約は存続することになる。それでは法律関係が迅速に確定できず、買主は売主のリスクにおいて「不当な投機」をする危険があり（価格が上昇すれば履行を求め、下落すれば解除する）、売主は買主からの履行請求に備え続けなければならない。そこで、商法525条は解除の意思表示を必要とせず、履行の遅滞によって当然に解除の効果を与え、売主を不安定な地位から早期に解放させ、保護しようとしている。

## 第4節　買主の目的物の検査および通知義務

¶【設例】

　　商人（会社）であるAは、商人（会社）のBに対し、売買契約に基づいて大量の機械を納入した。商人同士のビジネス上の取引である。

　　しかし、約1年が経過した後に、Bはそれらの機械の一部について、「重大な品質上の不適合（損傷等）」があることを発見した。Bは、Aに対し、代金の減額等の主張をすることができるであろうか。

　【設例】のように、商品に損傷や数量不足といったトラブルがあった場合、スピーディーな対応が重要になる。そのため、商人間の売買において、買主はその売買の目的物を受領したときは、遅滞なくその物を検査しなければならない（526条1項）。買主の目的物の検査義務といい、売主を保護する。

　この場合、買主は、検査により目的物が種類、品質または数量に関して契約の内容に適合しないことを発見したときは、直ちに売主に対してその旨の通知を発しなければ、その不適合を理由とする、①履行の追完の請求、②代金の減額の請求、③損害賠償の請求および④契約の解除、をすることができない（526条2項）。売買の目的物の種類または品質の不適合を直ちに発見できない場合に、買主が6か月以内に不適合を発見したときも同様になる。

　買主の通知義務である。ただし、こうしたルールは、売買の目的物が種類、品質または数量に関して契約の内容に適合しないことにつき売主が悪意であった場合は、適用されない（526条3項）。悪意の売主は除外される。

---

**【コラム：買主の検査・通知義務と売主保護の要請】**

　なぜ買主の検査・通知義務が必要になるのか。売主の保護と商取引の迅速性の確保といった観点が重要である。そうした義務により、買主が自己に有利な時期を選んで契約の解除を主張するなどの「不当な投機」を防止している。

　また、買主がプロであれば、不適合の発見は容易なはずである。長期間に渡って取引関係が不安定なままでは、売主の利益を害するおそれも生じる。

---

　買主の検査・通知義務に関しては、商品の受領後1年余りの間に通知等を

していなかった事案で、隠れた瑕疵を理由とする代金の支払請求の拒絶を否
定し、代金の請求を認容した判例がある（最判昭 47・1・25 判時 662 号 85
頁）。他方、会社同士の土地の売買について、商法 526 条の適用を排除する
合意（特約）を認め、土壌汚染対策工事費用に関する売主の損害賠償責任を
肯定した判例も見られる（東京地判平 23・1・20 判時 2111 号 48 頁）。

## 第 5 節　買主の目的物保管・供託義務と競売義務

　買主が契約を解除した場合、商品の取扱いが重要になる。商人間の売買に
おいて、買主は検査の結果、目的物の種類・品質・数量の不適合により契約
を解除したときであっても、売主の費用をもって「売買の目的物」を保管し、
または供託しなければならない（527 条 1 項）。ただし、その物について、滅
失または損傷のおそれがあるときは、裁判所（売買の目的物の所在地を管轄
する地方裁判所）の許可を得てその物を競売に付し、かつ、その代価を保管
し、または供託しなければならない（527 条 1 項ただし書・同条 2 項）。これ
を「緊急売却義務」という。買主が売買の目的物を競売に付したときは、遅
滞なく売主に対してその旨の通知を発しなければならない（同条 3 項）。

　この点、民法では契約解除の場合、物品を売主に返還すればよく、保管を
求められることはないが、売主にとって物品が放置される危険が生じたり、
物品返送の費用負担・運送途中の危険などの不利益が生じうるため、売主の
保護の観点から、買主に特別の義務を課している。もっとも、商法 527 条 1
項から 3 項の規定は、売主および買主の営業所（営業所がない場合は、住
所）が同一の市町村の区域内にある場合には、適用されない（527 条 4 項）。

　同一市町村内であれば、目的物をすぐに引き渡すことができるためである。
また、売主が悪意の場合も義務は課されないと解されている（商法 526 条と
同様に保護の必要がないため）。こうした買主の保管・供託等の義務（527
条）は、①売主から買主に引き渡した物品が注文した物品と異なる場合にお
ける当該売主から買主に引き渡した物品（品違い）や、②売主から買主に引
き渡した物品の数量が注文した数量を超過した場合における当該超過した部
分の数量の物品（数量超過）にも準用される（528 条）。

## 第 6 節　その他の商取引の形態・消費者取引

### 1　特約店・フランチャイズ契約

　現実に行われている企業による取引形態には、注意すべき類型が見られる。まず、特約店ないし代理店とは、メーカーや販売会社などから、商品の供給を受け、自己の名前と計算で転売する卸売・小売の業者になる。特約店は独立した商人であるが、継続的な取引関係において実質的には従属性が強い。そのため、特約店契約の解約・解除の際に、一方的解約の是非等が争われることもある（最判平 10・12・18 民集 52 巻 9 号 1866 頁等）。

　次に、フランチャイズ契約には、コンビニエンス・ストアやファースト・フードなど種々のものがある。フランチャイズ（FC）契約は、本部（フランチャイザー）が、加盟店（フランチャイジー）に対し統一的な商号・商標等のもとで、独自のノウハウに基づく販売活動を許諾するものである。それとともに、本部は加盟店の経営等を指導し、加盟店はその対価として加盟金やロイヤリティーないしチャージを支払うことになる。

---

**【コラム：フランチャイズ契約と説明義務等】**

　FC 契約では、本部であるフランチャイザーに対し、加盟店が専門的知識に乏しいことが多い。実質的には、従属的な立場に置かれていることもある。

　そこで、FC 契約締結時には、本部側に予測情報の提供や説明義務、チャージ金の算定方式の妥当性の確保が求められる。他方、加盟店には、競業避止義務等が課されることもある（東京高判平 11・10・28 判時 1704 号 65 頁等）。

---

### 2　消費者取引

　売買の売主が商人（専門知識のあるプロ）であり、買主が一般の消費者等である場合、知識や交渉力の弱い消費者を保護する必要がある。消費者の保護は、国民経済の健全な発展にも寄与する。そうした趣旨から、消費者保護等を目的とした種々の特別法が制定されており、企業と消費者・購入者等の取引（いわゆる消費者取引）のなかで重要な役割を担っている。

　第 1 に、割賦販売法がある。割賦販売は、代金の支払を数回に分ける販売形態であり、種々の商品のほか、エステやスポーツクラブ、語学学校等で広

く見られる。割賦販売法は、割賦販売業者による説明義務、クーリング・オフ（一定期間内の契約解除）などの制度を規定し、購入者等の利益の保護を目的としている。クレジットカード番号等の適切な管理等も求めている。

　第 2 に、特定商取引法（特定商取引に関する法律）があり、訪問販売・通信販売・電話勧誘販売に係る取引や連鎖販売取引（マルチ商法）などについて、販売事業等による勧誘行為の規制等を行うことにより、購入者等の利益の保護を図っている。一定の電子メール広告も規制される。

　第 3 に、消費者契約法がある。同法は、不当な勧誘による契約の申込みまたはその承諾の意思表示の取消しや、不当な契約条項の無効のほか、適格消費者団体による差止請求権等を定め、消費者の利益を擁護している。なお、インターネット等による契約については、電子消費者契約法（電子消費者契約）及び電子承諾通知に関する民法の特例に関する法律が制定されている。

　第 4 に、金融サービス提供法（金融サービスの提供に関する法律）は、金融サービスの仲介業者等が金融商品を販売する際の説明義務等を強化し、顧客の利便性の向上と保護を図っている。第 5 に、金融商品取引法は公正な資本市場のルールとして証券会社等と投資者との関係を規制している。投資者保護と消費者保護は重なる点も多い（問屋の章や巻末の資料も参照）。


¶ 演習テーマ

(1) 商人間売買のルールの趣旨を説明しなさい。商人間売買における売主の自助売却権とは何か。それらの規制については、どのような特色があるか。

(2) 商人間の売買における定期売買の特則には、どういった規定がいかなる趣旨で設けられているか。定期売買の例には、どのようなものがあるか。

(3) 買主の目的物の検査および通知義務について説明しなさい。関連する判例はどうなるか。緊急売却義務とは、どのようなルールであろうか。

(4) 特約店・フランチャイズ契約とは何か。消費者保護に関する特別法（割賦販売法や消費者契約法等）について、具体的内容を説明しなさい。

# 第3章　交互計算と匿名組合

☆ポイント⇒交互計算は、簡易な一括相殺のシステムであり、その役割を知っておきたい。また、匿名組合は投資ファンドの活動等で実務上のニーズが多く、匿名組合員の権利の確保が重要になる。

## 第1節　交互計算

### 1　交互計算とは何か

¶【設例】

　　商人のＡは、商人のＢと相互に継続的な取引を行っている。その取引のなかで、「お互いに債権・債務関係」を多数有している。

　　Ａは、個々の代金の支払は面倒であり、一定の期間でまとめて決済できないかと考えている。商法上の交互計算とはどのような制度か。

　交互計算は、継続的取引関係にある当事者がまとめて「一括相殺」を行う、商法上の特別な契約である。交互計算は、商人間または商人と商人でない者（非商人）との間で平常取引をする場合において、一定の期間内の取引から生ずる債権および債務の総額について相殺をし、その残額の支払をすることを約することによって、その効力を生ずる（529条）。金銭債権・債務が対象である。交互計算の一方は商人であり、附属的商行為になる（503条）。

　交互計算には、①決済の簡易化（送金の時間・コストの節約）、②担保的機能、③資金の有効活用等の意義やメリットがある。実際に交互計算はビジネスに関し、銀行での取引のほか、外国との間の輸出入の取引でも、為替手数料の節約等のため活用されている。交互計算の期間について、当事者が相殺をすべき期間を定めなかったときは、その期間は6か月になる（531条）。

### 2　交互計算の消極的効果・不可分の原則

　交互計算には、消極的効果と積極的効果という2つの重要な効果がある。

第 1 に、消極的効果として、交互計算期間中に相互に発生した債権と債務は、その独立性と個性を失い不可分一体のものとして全体に結合され、個々の債権の行使は許されなくなる。「交互計算不可分の原則」という。個々の債権や債務は、譲渡・質入・相殺等の個別的な処分ができなくなり（相殺に関し、民法 505 条 1 項ただし書も参照）、時効の進行や履行の遅滞も生じない。

　交互計算不可分の原則により、各個の債権の差押・転付命令については、第三者の善意・悪意を問わず無効であると解されている（大判昭 11・3・11 民集 15 巻 320 頁。有力な反対説もある）。ただ、その例外として、手形その他の商業証券から生じた債権および債務を交互計算に組み入れた場合において、その商業証券の債務者が弁済をしないときは、当事者はその債務に関する項目を交互計算から除外することができる（530 条）。この債務は手形割引の代金債務のようなものであり、手形等が不渡となった特別な場合に債務者の不利益にならないように、交互計算からの除去が認められている。

---

【コラム：古典的交互計算と段階的交互計算】
　交互計算には、2 つのタイプがある。商法の規定により、交互計算不可分の原則が適用されるものを、「古典的交互計算」という。
　それに対し、交互計算不可分の原則が適用されず、債権が継続的に相殺されて、その時々に残高債権が発生するものを「段階的交互計算」と呼ぶ。段階的交互計算は、銀行の手形・小切手の当座勘定取引等で用いられている。

---

## 3　交互計算の積極的効果等

　第 2 に、積極的効果として、期間満了時に差引計算がされ、残額債権が確定する。相殺によって生じた残額については、債権者は計算の閉鎖の日以後の法定利息を請求することができるほか、相殺に係る債権および債務の各項目を交互計算に組み入れた日から利息を付すこともできる（533 条 1 項・2 項）。民法の利息の元本組入れの規定（民 405 条）の例外になる。

　当事者は、計算書の記載に錯誤または脱漏があったときを除き、「計算書の承認」により、債権および債務の各項目について異議を述べることができなくなる（532 条）。錯誤や脱漏で利得した当事者には、不当利得の返還請求権を行使できる（民 703 条）。承認に錯誤や詐欺等があれば、取り消すこと

も可能である（民 95 条等）。更改により、旧債権の担保権は原則として消滅
し（民 513 条、518 条）、消滅時効も新たに進行する。

　各当事者は、いつでも交互計算を解除できる（534 条。お互いの信用が基
盤なため）。交互計算の解除をしたときは、直ちに計算を閉鎖して、残額の
支払を請求することができる。また、当事者の一方につき破産手続や会社更
生手続が開始されたときも終了する（破産法 59 条、会社更生法 63 条）。

## 第 2 節　匿名組合

### 1　匿名組合とは何か

¶【設例】
　　　Aは、映画作りのため、投資家から資金を募っている。商法上の匿
　　名組合の形式で、事業（ビジネス）を行う計画である。
　　　匿名組合とは何か。その出資者である匿名組合員には、どのような
　　責任と権利等があるか。営業者に課される義務はどうなるか。

　匿名組合は、出資をする「匿名組合員」と業務を執行する「営業者」とい
う 2 当事者の契約である。商法上の特殊な契約として位置付けられる。

　匿名組合契約は、当事者の一方が相手方の営業のために出資をし、その営
業から生ずる利益を分配することを約することによって、その効力を生ずる
（535 条）。「諾成・有償・双務・不要式の契約」になる。

　出資と利益の分配という要素を中心とする、共同事業の一種である。資産
運用のファンド・リース等の出資の募集・運用形態（投資のスキーム）とし
て、よく使われている（東京地判平 7・3・28 判時 1557 号 104 頁等）。投資
運用の共同体になる。いわゆる投資ファンド等では、匿名組合を使った方式
を TK スキームと呼び、営業者を合同会社等として投資運用を行う。

【コラム：投資ファンドと匿名組合】
　投資ファンド等への出資を巡っては、トラブルも多い。まず、ファンド（匿
名組合）への出資の勧誘について、出資者らが損害賠償を請求したケースがあ
る（東京地判平 24・9・14 金判 1410 号 8 頁）。この判例は、リスク管理に関
する断定的判断の提供が不法行為に当たるとし、運用会社の代表取締役等の重

大な過失を認定して損害の賠償責任（会社429条1項）を負うとした。
　また、匿名組合契約に基づく出資により会社に損害が発生した事案で、経営者の責任が追及されたものもある（東京高判平26・5・29金判1446号21頁）。同判例は、出資は経営判断として著しく不合理なものということはできないと述べて、取締役や監査役の会社に対する責任を否定している。

　匿名組合の法的性質は、「民法上の組合」を商法的に加工したものである。出資者である匿名組合員のメリットは、民法上の組合（無限責任）とは異なり、出資者は対外的に義務や責任というリスクを負わないため、投資の有利性と匿名性（秘匿化）にある。匿名組合員の地位は、沿革的に同じ起源である合資会社の有限責任社員と類似するが、社員の氏名の登記における公示、社員の業務執行への関与、債権者に対する責任等の種々の違いもある。

　他方、営業者にとっては、普通の債務と異なり確定した利息を支払う負担を免れ、出資金を使って自由に経営ができ、柔軟な運用が可能になるといった長所を有している。多数の匿名組合員から同時に、出資を集めることもできる。その契約の本質から、匿名組合員に対して利益を分配しない特約はできないと解されている。利益は、各営業年度末に作成される貸借対照表で確定する。営業者は、その地位を第三者に譲渡することはできない。

## 2　匿名組合員の義務と権利等

　匿名組合員は、どのような義務を負うのであろうか。匿名組合員は出資義務を負い、金銭その他の財産のみをその出資の目的とすることができる（536条2項）。財産出資でなければならず（現物出資も可）、信用や労務の出資は認められていない。なお、匿名組合員は、商人でなくてもよい。

　匿名組合員の地位は、事実上「間接有限責任」となっている点が重要である。①匿名組合員の出資は営業者の財産に属し（総組合員の共有ではない）、②匿名組合員は営業者の業務を執行し、または営業者を代表することはできず、③営業者の行為について第三者に対して権利および義務を有しない（536条1項・3項・4項）。営業者の単独事業であるため、民法の組合と異なり、匿名組合員は責任が限定されており、参加しやすい。対外的に直接責

任を追及されず、間接有限責任になる点は、株式会社の株主と同様である。

　ただ、匿名組合員の有限責任の例外としては、氏名等の使用許諾の場合がある。匿名組合員は、①自己の氏もしくは氏名を営業者の商号中に用いること、または、②自己の商号を営業者の商号として使用することを許諾したときは、その使用以後に生じた債務については、営業者と連帯してこれを弁済する責任を負う（537条。連帯債務）。名板貸（14条）等の責任と同じく、禁反言の法理・外観理論に基づく趣旨であるが、責任を負う範囲は広い。

　他方、匿名組合員は、営業者に対し営業を求める権利を有する。また、貸借対照表の閲覧等の権利に加えて、「業務・財産状況の検査権」を持つ点が重要である。業務（営業）監視権という。匿名組合員は営業年度の終了時において、営業者の営業時間内に、①貸借対照表の書面や法務省令で定める電磁的記録の閲覧または謄写の請求をし、または②営業者の業務および財産の状況を検査することができる（539条1項、商法施行規則9条）。さらに、重要な事由があるときは、いつでも、営業者の営業所の所在地（営業所がない場合にあっては、営業者の住所地）を管轄する地方裁判所の許可を得て、業務および財産の状況を検査することもできる（539条2項・3項）。

　もっとも、利益の配当の制限として、出資が損失によって減少したときは、その損失をてん補した後でなければ、匿名組合員は利益の配当を請求できない（538条）。そこで、匿名組合員は利益分配の請求権を有するとともに、そうした意味に限って、損失分担義務も負担することになる。

　これに対し、営業者は、匿名組合員に対する出資の請求権を持つとともに、業務執行の義務を負い、匿名組合の営業を運営しなければならない。営業者は商人であり、善管注意義務を負う（業務執行組合員に関する民法671条の類推により、同644条が準用）。善管注意義務の内容として営業者には、同種の営業をしてはならないとする競業避止義務のほか、利益相反取引の規制も課されうる。利益相反取引による営業者の善管注意義務違反を認めた判例もある（最判平28・9・6集民253号119頁）。受託者としての信認義務（fiduciary duty）も重視されうる。なお、営業者に出資義務は課されていない。

## 3　匿名組合の終了・契約の解除

　匿名組合は、契約の一般的な終了原因によって終了する。また、①匿名組合契約で匿名組合の存続期間を定めなかったとき、または②ある当事者の終身の間匿名組合が存続すべきことを定めたときは、各当事者は営業年度の終了時において、6か月前にその予告をして契約を解除できるほか、存続期間を定めたか否かにかかわらず、「やむを得ない事由」があるときは、いつでも匿名組合契約の解除をすることができる（540条1項・2項）。

　「やむを得ない事由」は、重要な義務違反等である。営業者が利益の分配をなさず、その意思もない場合がこれに当たるとした判例がある（大阪地判昭33・3・19下民集9巻3号390頁）。そのほか、匿名組合契約は次の事由によって終了する。①匿名組合の目的である事業の成功またはその成功の不能、②営業者の死亡または営業者が後見開始の審判を受けたこと、③営業者または匿名組合員が破産手続開始の決定を受けたこと、である（541条）。

　②は営業者の個人的能力・信用が重要であるため、③の匿名組合員の破産は債権債務関係を清算する必要性があるため、終了事由になる。匿名組合契約が終了したときは、営業者は匿名組合員に、その出資の価額を返還しなければならないが、出資が損失によって減少したときは、その残額を返還すれば足りる（542条）。匿名組合員は、出資価額の返還請求権を持ち、営業者の一般債権者と同一の順位で弁済を受ける。原則として金銭で評価して返還され、出資財産そのものの返還を請求することはできない（名古屋地判昭53・11・21判タ375号112頁）。なお、出資分がマイナスでも、匿名組合員には原則として追加的出資（支払）義務はない。投資勧誘の規制も重要になる。


¶ 演習テーマ

(1)　交互計算の意義と消極的効果・積極的効果を説明しなさい。交互計算不可分の原則や段階的交互計算には、どのような意義があるのか。

(2)　匿名組合の意義やメリットはどこにあるか。投資ファンドとの関係や判例等について、説明しなさい。匿名組合と民法の組合との違いは何か。

(3)　匿名組合員の権利と営業者の義務には、どのようなものがあるか。利益の配当はどのように制限されているか。匿名組合の終了はどうなるか。

# 第4章　仲立営業

☆ポイント⇒仲立営業は、企業補助者として、取引の「媒介」という重要な
　　　　　役割を果たしている。見本保管義務や氏名黙秘義務といった仲
　　　　　介ビジネスに伴う、仲立人の義務と責任を押さえておきたい。

## 第1節　仲立営業の意義

¶【設例】

　　Aは仲立人として、BとCの間における「商取引の勧誘・交渉等の
　媒介」をしていた。ビジネスの仲介である。

　　ただ、契約の交渉には、トラブルも多い。仲立人には、どういった
　義務と責任があるか。仲立人の報酬の取扱いはどうなっているか。

　企業補助者として商取引の仲介役には、仲立人と問屋という商法上ユニー
クな業態がある。取引社会において、仲介ビジネスの役割は大きい。【設例】
における仲立人とは、他人間の「商行為の媒介をすること」を業とする者を
いう（543条）。仲立人は受託者として、公平に当事者の利益を図る。

　「媒介」とは、他人間の法律行為の成立に尽力する事実行為をいう。委託
者と相手方（第三者）との間で契約の成立に至るよう、仲介・斡旋・勧誘等
を行うものであり、重要な意義を持つ。仲立人は単なる媒介者であり、当事
者でも代理人でもない。そこで、仲立人はその媒介により成立させた行為に
ついて、当事者の別段の意思表示または別段の慣習があるときを除き、原則
として当事者のために支払その他の給付を受けることができない（544条）。

---

**【コラム：民事仲立人とは何か】**

　商行為以外の媒介をする者を、民事仲立人という。民事仲立人は、商法上の
仲立人（商事仲立人という）ではないが、商人として商法の適用を受ける（502
条11号の「仲立ち」に関する行為を業とすると、4条1項の商人に該当）。

　民事行為の仲立ちの例としては、旅行の手配や結婚相手の紹介のほか、非商

---

人間の投機的でない宅地や建物の売買・賃貸借の媒介等がある。そこで、旅行業者や結婚仲介業者、宅地建物取引業者等が含まれる。民事仲立人には、仲立人に関する商法の規定の類推適用も問題になりうる。

## 第2節　仲立人の義務

### 1　善管注意義務・尽力義務

仲立契約には委任の規定が準用され、仲立人は善良な管理者の注意をもって媒介を行い（善管注意義務）、取引の成立に力を尽くすべき「尽力義務」を負っている（民656条・644条）。仲立契約については、仲立人と委託者の双方が義務を負う「双方的仲立契約」が多く、尽力義務と報酬支払義務が発生する。ただ、仲立人に尽力義務のない「一方的仲立契約」もあり、その場合は、取引の成立により、委託者は報酬支払義務を負うことになる。

仲立人には、当事者間での商行為の成立に尽力するという性質から、公平誠実に媒介行為の相手方となる他方の当事者の利益を図ることも求められる。それに対し、同じ仲介という補助者のカテゴリーでも、第1に、代理では代理人（受託者）自らが本人の代理人として第三者と法律行為をすると、その効力は本人（委託者）に生じる。第2に、取次ぎは、自己の名をもって他人（委託者）のために第三者と法律行為をし、仲介者と第三者との間で法律関係が生じる。これらの仲介業者のうち、代理は締約代理商、媒介は仲立人と媒介代理商、取次ぎは問屋等が行う。

### 2　見本保管義務と結約書の作成・交付義務等

仲介にはトラブルが多いため、紛争防止の観点が特に重要になる。第1に、仲立人には、「見本保管義務」が課されている。仲立人が、その媒介に係る行為について見本を受け取ったときは、その行為が完了するまで、これを保管しなければならない（545条）。そのため、異議申立て期間の経過や時効の成立後までは、見本の保管が必要になる。

第2に、結約書の作成と交付の義務がある。当事者間において媒介に係る行為が成立したときは、仲立人は遅滞なく、①各当事者の氏名または名称、

②当該行為の年月日およびその要領、を記載した書面（「結約書」という）を作成し、かつ、署名し、または記名押印した後、これを各当事者に交付しなければならない（546条1項、商法施行規則10条・11条）。そして、当事者が直ちに履行をすべきときを除き、仲立人は各当事者に結約書に署名させ、または記名押印させた後、これをその相手方に交付しなければならない（546条2項）。契約書の交換になる。

　このような場合において、当事者の一方が、結約書を受領せず、またはこれに署名もしくは記名押印をしないときは、仲立人は、遅滞なく、相手方に対してその旨の通知を発しなければならない（546条3項）。受領や署名等の拒否といった、トラブル発生の際の対処を求める趣旨である。

　第3に、仲立人は、その帳簿（仲立人日記帳という）に結約書に掲げる事項を記載しなければならない（547条1項）。当事者は、いつでも、仲立人がその媒介により当該当事者のために成立させた行為について、その帳簿の謄本の交付を請求することができる（同条2項、商法施行規則10条・11条）。仲立人がこうした義務に違反した場合、当事者に損害の賠償責任を負う。なお、帳簿の保存には、商業帳簿の規定（19条3項）が類推適用される。

### 3　氏名等の黙秘義務と介入義務

　当事者には、取引の円滑や駆け引きなどのため、自己の氏名を黙秘したい場合がある。そこで、当事者がその氏名または名称を相手方に示してはならない旨を仲立人に命じたときは、仲立人は、結約書および前述の帳簿（仲立人日記帳）の謄本に、その氏名または名称を記載することができない（548条）。氏名黙秘義務である。氏名等の黙秘を命令した当事者は、仲立人に給付の受領権限を与えたものと解される。

　仲立人は、当事者の一方の氏名または名称をその相手方に示さなかったときは、当該相手方に対して自ら履行をする責任を負う（549条）。介入義務という。特に取引の相手方を保護するための義務であり、仲立人は、介入義務を履行した場合、黙秘を命じた匿名の当事者に求償できる。なお、介入義務は、仲立人が自らの判断で当事者の氏名等を黙秘した場合にも生じうる。

## 第3節　仲立人の報酬を巡る問題点等

　仲立人の報酬については、争いが生じやすい。仲立人は、商人として相当の報酬（仲立料という）を請求することができるが（512条）、仲立人の媒介によって有効に契約が成立し、結約書の交付の手続を終了した後でなければ、報酬を請求できない（550条1項）。いわゆる成功報酬であり、特約のない限り、原則として支出した費用も含まれるため、別に費用の償還を請求することはできない。

　仲立人の報酬は、当事者双方が「等しい割合で」負担することになる（550条2項）。両当事者平分の原則ないし当事者平分主義といわれる。仲立人は、公平な立場で紛争防止等の義務を負っているため、媒介の利益が及ぶ委託者の相手方にも、仲立料の半額を直接請求できる。

　この点に関し、一般に宅地建物取引業者は商事仲立人ではなく民事仲立人であるが、商人ではあるとしつつも、委託を受けなかった当事者への報酬請求権（512条）はないとした事例がある（最判昭44・6・26民集23巻7号1264頁）。この判例は民事仲立人のケースとして重要であり、委託がなくても、客観的に見て「非委託者のためにする意思」があれば、同条に基づく報酬の請求が認められうる（ただし、同事例では、意思の存在を否定）。

　また、契約の当事者が仲介活動から途中で業者を故意に排除した場合に報酬支払義務が認められた事例では、仲介を依頼していた業者を途中で故意に排除して直接当事者間で土地売買契約を成立させた行為について、契約の成立という停止条件の成就の妨害と見て、民法130条に基づき約定報酬を請求しうるとしている（最判昭45・10・22民集24巻11号1599頁）。仲立人を排除したケースで、民法の規定を用いて一定の報酬を認めたものである。

【コラム：仲立業者と旅行業者等】
　仲介業者として、旅行業者はどのような義務を負うか。この点、旅行業者による手配旅行上の安全配慮義務や、事故等の際における損害の賠償責任等も問題になる（東京地判平1・6・20判時1341号20頁。パック旅行の事故）。
　仲立営業に関する特別法には、旅行業法や宅地建物取引業法等がある。それ

> らの業法は取引の公正を確保するため、種々の重要な規制を設けている。

¶ 演習テーマ

(1)　仲立人の役割は何か。媒介と代理の違いを説明しなさい。仲立の種類は
　　どうなっているか。民事仲立人と商事仲立人の違いはどこにあるのか。

(2)　仲立人の善管注意義務と尽力義務の意義や、仲立契約の種類はどうなる
　　か。見本保管義務や氏名黙秘義務・介入義務とは、どのようなものか。

(3)　仲立人の報酬に関しては、どういったルールがあるか。報酬ないし仲立
　　料の請求を巡る判例の動向はどうなっているか。

# 第5章　問屋営業等

☆ポイント⇒問屋営業は、独立性の高い独特の仲介の形態である。委託者と
　　　　の関係で問屋は、指値遵守義務や履行担保責任等を負う。問屋
　　　　の破産と委託者の保護の取扱いが著名な論点のひとつになる。

## 第1節　問屋の意義

### 1　法的性質

¶【設例】

　　Aは、B証券会社に株式の買付けの仲介を委託した。ところが、B
　社は株式を買付け後、委託者のAに移転する前に破産してしまった。
　　AはB社の破産管財人Cに対し、買付けを委託した株式の取戻権を
　主張できるか。B社の一般的な債権者より、Aは優先されるべきか。

　専門的知識を持った仲介業者は、取引を円滑に進めるためにはきわめて有
用である。商法において問屋（といや）とは、仲介業者の一種であり、「自己
の名をもって他人のために」、物品の販売または買入れをすることを業とす
る者をいう（551条）。「取次ぎ」といい、取次委託契約になる。委任の性質
を持ち、委託者は非商人でもよい。商法551条の「物品」には株式のような
有価証券が含まれると解されており、従来商法の問屋の典型例は、投資者の
注文を受けて株式の売買の仲介をする「証券会社」等とされてきた。商品先
物取引業者や魚市場等の問屋も、その例としてよく挙げられる。

　もっとも、証券会社を商法上の問屋と位置付けることには、国民経済の中
心であり、公益性の大きい証券市場を支える証券会社の公的かつ多様な役割
から反対する見解も有力である。金融商品取引法のルールが重視される。

　問屋の基本的な法律関係の特色は、法律的形式は問屋に帰属するが（外部
関係）、経済的実質は委託者に帰属し（内部関係）、形式と実質が分離すると
ころにある。①問屋、②委託者、③売買契約の相手方という3者の関係が問

題になる。なお、いわゆる「問屋（とんや）」は、生産者と小売商の仲介をする卸売商人として、自己の名をもって自己のために売買をする自己商と位置付けられるため、他人のために売買を行う商法上の問屋とは異なる。

---

**【コラム：問屋の独立性と委任・代理規定】**

　問屋は、専門的な知識を有する仲介業者である。独立性と専門性がポイントになる。そのため、問屋は相手方に対して、自ら権利を取得し、義務を負う（552条1項）。問屋はプロの取次商として、物品の売買の取次ぎを引き受ける。

　他方、問屋と委託者との間の内部関係については、商法のほか、委任および代理に関する規定が準用される（同条2項）。間接代理ともいう。

---

## 2　問屋の破産と委託者の取戻権

【設例】のように問屋が破産した場合には、委託者が自己の所有権に基づいて他の債権者に優先して「取戻権（破産法62条）」を行使できるかどうかが、重要な問題になる。判例は、証券会社の顧客が株券番号等から自己の株券を特定できた事案で、実質的利益を重視する観点から委託者の優先的な取戻権を肯定する（最判昭43・7・11民集22巻7号1462頁。実質説）。

　この点、従来の伝統的な通説は取戻権否定説であり、委託者に対する移転行為がなされないうちに問屋が破産した場合には委託者の取戻権を基礎付けることはできないため、問屋を利用した委託者が保護されなくてもやむを得ないとしていた。それに対し、現在の多数説は、委託者の取戻権を肯定するが、その理論構成を巡って争いがある。判例が採用している実質説のほか、①商法552条2項のいう「問屋と委託者との間の関係」は、第三者に対する内部関係を意味するから、問屋自身のほかに周辺に存する問屋の債権者をも含むものと解するか（内部関係延長説）、②問屋の債権者は問屋の人格の延長ないし問屋と一体と考えて、委託者は問屋が所有権を取得すると同時に所有権を取得するから、取戻権を有するとの見解（人格延長説）、③取次と信託の類似性から、問屋が委託者の計算で取得した所有権・債権は問屋に対する一般債権の責任財産を構成しないとする見解（信託類似説）もある。委託者を保護するための実質的な配慮は、その他種々の面でなされうる。

　これに関し、金融・資本市場のセーフティネットとして証券会社の経営が

破綻した時には、金融商品取引法上の投資者保護基金が投資者に対し一定の補償（1,000 万円が上限）を実施する制度がある（同法 79 条の 20 以下）。実際に複数の補償事例が発生しており、銀行の経営破綻における預金保険制度にたとえて証券版ペイオフとも言われる。破産した証券会社が社債の発行を仮装し、損失を被った投資者が日本投資者保護基金に対し補償を求めた事例で、補償対象には「仮装して行った取引も含まれる」が、悪意または重過失のあるときは補償が否定されるとした判例もある（最判平 18・7・13 民集 60 巻 6 号 2336 頁。補償を肯定）。証券会社（第 1 種金融商品取引業者）による顧客資産の分別管理義務（金融商品取引法 43 条の 2 以下）の違反や詐欺的な取引等の場合における投資者の損害の取扱いが問題になる。

## 第 2 節　問屋の義務と責任等

　問屋には、どのような特別の義務と責任が課されているのであろうか。義務等に違反すれば、損害賠償の責任を生じる。第 1 に、善良な管理者としての注意義務（善管注意義務）がある。問屋は委託者に対して受任者としての権利を有し、義務を負うことになる（民 644 条以下）。商品先物取引業者の善管注意義務に基づく説明義務・通知義務違反による損害賠償責任を肯定した判例もある（最判平 21・7・16 民集 63 巻 6 号 1280 頁）。

　第 2 は、通知義務である。問屋は委託者のために販売や買入れをしたときは、遅滞なく委託者に対して、その旨の通知を発しなければならない（557 条が 27 条を準用）。商取引の迅速主義による。

　第 3 に、履行担保責任（義務）がある。問屋は、委託者のためにした販売または買入れにつき、相手方がその債務を履行しないときに、当事者の別段の意思表示または別段の慣習がない限り、自らその履行をする責任を負う（553 条）。売買代金の支払や目的物の引渡し等が含まれる。履行担保責任は問屋には厳しいが、相手方との直接の法律関係がない委託者が保護される結果、問屋制度の信用が強化され、問屋を利用するメリットも大きくなる。この場合、問屋は相手方に対し、委託者に生じた損害を含め賠償を請求できる。

　第 4 に、指値（さしね）遵守義務がある。問屋が委託者の指定した金額より低い価格で販売をし、または高い価格で買入れをした場合において、自ら

その差額を負担するときは、その販売または買入れは、委託者に対してその効力を生ずる（554条）。問屋は委託者の指図に従う義務を負うが、委託者は一定の価格で売買がなされればその利益が害されず、問屋も報酬の範囲なら差額を負担しても利益を得られるため、効力が認められている。

## 第3節　問屋の権利等

問屋は取次商として、一定の権利を有する。第1に、問屋は商人であるから、相当の報酬や費用の前払い等を請求できる（512条、民649条等）。

第2に、介入権がある。問屋は、取引所の相場がある物品の販売または買入れの委託を受けたときは、自ら買主または売主となることができ、この場合において、売買の代価は、問屋が買主または売主となったことの通知を発した時における取引所の相場によって定める（555条1項）。迅速に目的が達成され、委託者の利益を害しないためである。こうした場合においても、問屋は委託者に対して報酬を請求できる（同条2項）。問屋による通知が委託者に到達した時に、効力が生じる。なお、他の法律や委託者が介入を禁止していないことが前提になる（金融商品取引法39条、40条の2等を参照）。

第3に、問屋が買入れの委託を受けた場合において、委託者が買い入れた物品の受領を拒み、またはこれを受領することができないときは、商法524条が準用され、供託または競売をすることができる（556条）。商人間売買の売主と同様に、問屋を保護する趣旨である。

さらに、留置権が認められており、委託者のための物品の販売または買入れによって生じた債権の弁済期が到来しているときは、当事者の別段の意思表示がない限り、その弁済を受けるまでは、委託者のために問屋が占有する物または有価証券を留置することができる（557条が31条を準用）。問屋は代理商と同様に、商人間の留置権よりも強い留置権を有する。

また、証券会社の投資勧誘については、証券市場（資本市場）の公正確保を目的とする金融商品取引法において、①投資者への説明義務（37条の3以下等）・②適合性の原則（40条1号）等が定められている。顧客に対する金融商品（株式や社債等の有価証券等）の不当な勧誘行為は、証券会社の債務不履行責任や不法行為責任（民415条・709条）の対象になりうる。

投資勧誘の関連判例はかなり多い。①の説明義務については、証券会社と
その使用人は投資者に対し勧誘の際、適切な情報の提供や説明を行うなどの
信義則上の義務も負う（東京高判平 9・7・10 判タ 984 号 201 頁等）。

②の適合性の原則の判例では、証券会社の担当者が、顧客の意向と実情に
反して、明らかに過大な危険を伴う取引を積極的に勧誘するなど、「適合性
の原則」から著しく逸脱した勧誘行為は不法行為法上も違法となるとされて
いる（最判平 17・7・14 民集 59 巻 6 号 1323 頁）。企業活動を規制する商法
の学習の一環として、資本市場のルールを知っておく必要性も大きい。

## 第 4 節　準問屋等

自己の名をもって他人のために法律行為をすることを引き受けることを
「取次ぎ」という。「取次商」（502 条 11 号、4 条 1 項）には、①問屋のほか、
②販売・買入れ以外の行為をすることを業とする準問屋（558 条）、③物品運
送の取次ぎをすることを業とする運送取扱人（559 条以下）、がある。

準問屋としては、出版・広告の取次業、保険契約の取次業、旅客運送の取次
業等がある。準問屋にも、問屋に関する規定が準用される（558 条）。

## 第 5 節　運送取扱営業

運送取扱営業は、仲介業者として運送人や運送方法を選択して運送契約を
締結するなどといった業務を専門的に行うビジネスである。問屋を起源とし、
分化したものである。その中心となる、「運送取扱人」とは、自己の名をもっ
て物品運送の取次ぎをすることを業とする者であり（559 条 1 項）、運送取扱
営業に関する規定に別段の定めがある場合を除き、問屋に関する規定（551
条）が準用される（559 条 2 項）。運送取扱人は委託者との間で運送取扱契約
を結び、委託者のために（計算で）自己の名をもって運送人と運送契約を締
結する。委任の一種であり、善管注意義務（民 644 条）を負う。それに付随
して各種のサービスを行うことも多い。

運送取扱人は、運送品の受取から荷受人への引渡しまでの間に、その運送
品が滅失もしくは損傷するか、その滅失や損傷の原因が生じ、または運送品
が延着したときは、これによって生じた損害を賠償する責任を負う（560 条

本文）。ただ、運送取扱人がその運送品の受取、保管および引渡し、運送人の選択その他の運送の取次ぎについて注意を怠らなかったことを証明したときは、免責される（同条ただし書）。債務不履行の責任の注意規定になる。

運送取扱営業の責任に関しては、高価品に関する特則や1年という責任の短期消滅時効等（572条、577条、579条（3項を除く）、581条、585条、586条、587条（577条および585条の規定の準用に係る部分に限る）および588条）といった「物品運送に関する規定」が、多数準用される（564条）。

他方、運送取扱人には一定の権利が認められる。第1に、商人としての報酬請求権（512条）を前提に、運送品を運送人に引き渡したときは、直ちにその報酬を請求することができる（561条1項）。ただし、運送取扱契約で運送賃の額を定めたときは、運送取扱人は、特約がなければ、別に報酬を請求することができない（同条2項）。運送賃に報酬が含まれるためである。支出した費用の償還を請求する権利も有する（559条2項、552条2項等）。

第2に、留置権がある。運送取扱人は、運送品に関して受け取るべき報酬、付随の費用および運送賃その他の立替金についてのみ、弁済を受けるまで、その運送品を留置できる（562条）。留置物と債権との牽連性を要する。

第3に、運送取扱人は、自ら運送をすることができ、その場合において、運送取扱人は、運送人と同一の権利義務を有する（563条1項）。「介入権」という。運送取扱人が委託者の請求によって、船荷証券または複合運送証券を作成したときは、自ら運送をするものとみなされる（同条2項。介入の擬制）。船荷証券は商法757条以下、複合運送証券は同769条を参照。


¶ 演習テーマ
(1) 問屋の意義と介入権や留置権等の内容について、検討しなさい。問屋の破産には、どのような議論があるか。証券会社が経営破綻した際、一定の補償を行う、投資者保護基金制度とは何か。
(2) 問屋の指値遵守義務の内容等を検討しなさい。履行担保責任とは何か。
(3) 準問屋、運送取扱人とは何か。運送取扱人の責任や権利を説明しなさい。

# 第6章　運送営業

☆ポイント⇒企業の活動や私達市民の生活上、運送営業のニーズは大きい。
流通を支える運送人（運送会社等）のダイナミックな役割を知
っておきたい。運送品や旅客に関する責任が特に重要になる。

## 第1節　運送人の義務・権利等

### 1　運送人の意義

¶【設例】

　　Aは、運送人（運送会社）のBに、大量の荷物の運送を依頼するこ
とにした。運送人のBには、商法上、どのような義務が課せられてい
るか。送り状の記載事項はどのようになっているか。

　　運送品が運送の途中で滅失してしまった場合、運送人の損害の賠償
責任はどうなるか。高価品の特則や、危険物の通知義務とは何か。

　　【設例】のように、日常生活で運送を依頼する機会は多い。運送とは、物品
や旅客を場所的に移動させることである。陸上ではトラックや鉄道等により
行われ、物流の中核を占める。「運送人」とは、①陸上運送、②海上運送また
は③航空運送の引受けをすることを業とする者をいう（569条1号）。

　　運送は営業的商行為であり、運送人は商人になる（502条4号、4条1項）。
①陸上運送とは、陸上における物品または旅客の運送を、②海上運送とは、
船舶（684条。747条の非航海船を含む）による物品または旅客の運送を、③
航空運送とは、航空機による物品または旅客の運送をいう（569条2号〜4
号）。航空機とは、人が乗って航空の用に供することができる飛行機、回転
翼航空機、滑空機、飛行船等をいう（航空法2条1項）。陸上・海上・航空と
いった、陸海空を含む種々のグローバルな運送がビジネスの対象になる。

　　物品運送契約は、運送人が荷送人からある物品を受け取り、これを運送し
て荷受人に引き渡すことを約し、荷送人がその結果に対してその運送賃を支

払うことを約することによって、その効力を生ずる（570条）。運送人と荷送人との合意で効力を生じる不要式の諾成契約であり、双務・有償の契約という性質を持つ（請負契約の一種）。いわゆる「荷主」には、荷送人と荷受人のほか、船荷証券の所持人も含まれうる。

## 2　運送人と荷送人の義務等

　運送人は、一般的な注意義務（575条）や運送品を引き渡す義務（給付義務）を負う。また、荷送人の指図に従う義務があり、荷送人は運送人に対し、運送の中止、荷受人の変更その他の処分を請求できる（580条前段）。

　この運送人の指図遵守義務ないし荷送人の運送品処分権は、荷送人の利益保護の観点から、運送中の状況に対処するものであり、一方的に運送人の義務を加重したり、運送契約上の義務を本質的に変更することはできない。運送人が指図に従った場合、運送人は「既にした運送の割合」に応じた運送賃（割合運送賃という）、付随の費用、立替金およびその処分によって生じた費用の弁済を請求することができる（580条後段）。

　それに対し、荷送人（いわゆる荷主）の義務としては、第1に、「送り状」の交付義務がある。荷送人は、運送人の請求により、送り状を交付する義務を負う（571条1項）。送り状には、①運送品の種類、②運送品の容積・重量または包・個品の数および運送品の記号、③荷造りの種類、④荷送人および荷受人の氏名または名称、⑤発送地および到達地、を記載する（同項1号〜5号）。送り状の交付は、運送人の承諾を得て、電磁的方法（メール等）により提供することもでき、その場合、荷送人は送り状を交付したものとみなされる（同条2項、商法施行規則12条・13条）。送り状は有価証券ではなく、運送契約書に関する証拠資料である（海上運送状（770条）等も同様）。一般に複写式で作成され、1枚が荷受人に交付される。

　他方、運送証券として、船荷（ふなに）証券（757条以下。Bill of Lading、B/O）や複合運送証券（769条）は運送品引渡請求権を表章する有価証券である（記載事項は送り状とほぼ同様）。実務的には、荷渡指図書（Delivery Order、D/O）が用いられることも多い（最判昭57・9・7民集36巻8号1527頁等）。荷送人等の請求により、運送人または船長が特に船荷証券を作

成した場合、商法580条の荷送人は「船荷証券の所持人」になり、同法581条・582条2項・587条ただし書の規定は適用されない（768条）。船荷証券には、受取船荷証券と船積船荷証券があるが、運送品について現に海上運送状が交付されているときは、船荷証券の交付義務はない（757条3項）。

第2に、「危険物に関する通知義務」がある。危険物には運送上、重大な事故により、運送人等の生命・身体・財産が侵害されるリスクが生じうる。そのため、荷送人は、運送品が引火性、爆発性その他の危険性を有するものであるときは、その引渡しの前に、運送人に対し、「その旨および当該運送品の品名、性質その他の当該運送品の安全な運送に必要な情報」、を通知しなければならない（572条）。引火性・爆発性等が危険物の一般的な基準になる。ガソリンや化学薬品等である。

荷送人が危険物の通知義務に違反した場合、民法の債務不履行の一般原則に従って賠償責任を負う（東京高判平25・2・28判時2181号3頁は、荷送人の過失を肯定）。安全を確保し、荷主の法的責任を明確にしている。事案により、相当因果関係の認定や過失相殺が行われうる。

## 3　運送人の権利等

運送人の権利としては、①運送品の引渡しを求める権利のほか、②運送契約の成立後の送り状の交付請求権（571条）、③運送賃（報酬）・立替金その他の費用の請求権（512条、513条2項）、④留置権（574条）などがある。

運送賃は、到達地における運送品の引渡しと同時に、支払わなければならない（573条1項）。運送賃の支払義務である。運送の完了時という請負契約としての性質による（民633条参照）。また、運送品がその性質または瑕疵（かし）によって滅失し、または損傷したときは、荷送人は運送賃の支払を拒むことができない（573条2項）。

また、運送人は、留置権を有し、運送品に関して受け取るべき運送賃、付随の費用および立替金（運送賃等という）についてのみ、その弁済を受けるまで、その運送品を留置することができる（574条）。目的物と債権との牽連関係は、民法295条と同様に求められるが、債務者の所有物に限られない。運輸の先取特権も持つ（民311条3号、318条）。後述のように、運送人には

一定の場合、運送品の供託権や競売権もある（582条、583条）。

## 4　荷受人の位置付け等

　荷受人とは、運送契約上到達地において自己の名をもって「運送品の引渡しを受くべき者」（受益者）である。荷受人の地位は以下のようになる。

　第1に、運送品が到達地に到着する前は、荷送人のみが運送の中止等の請求権（580条）を有する。第2に、荷受人は、①運送品が到達地に到着し、または②運送品の全部が滅失したときは、物品運送契約によって生じた荷送人の権利と同一の権利を取得するが（581条1項）、荷送人の権利が優先する。運送中の滅失の場合には、荷受人も損害賠償を請求できる。

　第3に、荷受人が運送品の引渡しまたはその損害賠償の請求をしたときは、荷送人は権利を行使できなくなり（581条2項）、荷受人の権利が優先する（ただし、582条2項も参照）。第4に、荷受人が運送品を受け取ったときは、運送人に対し、運送賃等を支払う義務を負う（同条3項）。荷送人とともに、不真正連帯債務を負担する。

　他方、運送品の引渡しについて、争いがある場合はどうなるか。荷受人を確知できないとき、運送人は供託権や競売権を有する。運送人を保護する趣旨による。第1に、運送人は運送品を供託することができる（582条1項）。

　第2に、運送人が、相当の期間を定めて運送品の処分につき指図をすべき旨を催告したにもかかわらず、荷送人がその指図をしないときは、その運送品を競売に付することができる（582条2項）。荷送人の指図が求められる。この競売の前提となる催告は、運送品に損傷その他の事由による価格の低落のおそれがある場合には不要である（同条3項）。

　運送品を競売に付したときは、その代価の全部または一部を運送賃等に充当することができるが、原則としてその代価の供託が義務付けられている（582条4項）。なお、供託または競売に付したときは、運送人は遅滞なく、荷送人にその旨の通知を発しなければならない（同条5項）。これらの規定は、荷受人が運送品の受取を拒み、または受け取ることができない場合にも準用され（受取の拒否・不能）、相当の期間を定めた催告とその期間経過後に競売が可能となり、通知は荷送人および荷受人の双方に行われる（583条）。

## 第2節　運送人の損害賠償責任

　運送人の運送品の滅失等の責任はどうなるか。運送人は、運送品の受取から引渡しまでの間に、その運送品が滅失や損傷するか、その滅失や損傷の原因が生じ、または運送品が延着したときは、これによって生じた損害を賠償する責任を負う（575条）。滅失には、盗難、紛失や引渡不能等も含む。ただ、運送人がその運送品の受取、運送、保管および引渡しについて注意を怠らなかったことを証明したときは、免責される（同条ただし書。過失責任）。

　損害賠償額の定額化・定型化も必要になる。大量運送の円滑を図る観点から、過酷な賠償責任から運送人を保護するとともに、賠償の範囲の画一化により紛争を防止する趣旨である（最判昭53・4・20民集32巻3号670頁）。そこで、運送品の滅失または損傷の場合における損害賠償の額は、「その引渡しがされるべき地（到達地）および時における運送品の市場価格（取引所の相場がある物品については、その相場）」を基準として定める（576条1項）。ただ、市場価格がないときは、その地および時における「同種類で同一の品質」の物品の正常な価格によって定められる（同項ただし書）。特別な事情による責任（民416条2項）を排除する（責任範囲の限定機能）。

　運送品の滅失または損傷のために支払うことを要しなくなった運送賃その他の費用は、損害賠償の額から控除される（576条2項）。なお、こうした賠償額の定額化のルールは、運送人の故意または重大な過失によって運送品の滅失または損傷が生じたときは適用されず（同条3項。履行補助者等の場合も）、民法416条の一般原則による。保護の必要がないためである。例えば、運送業者の使用人が宝石等の入った箱詰め貨物を自動車に積み込んだ際に、扉の施錠等の確認を怠ったため、走行中に路上に落下して滅失した場合、「重過失」が認定されている（最判昭55・3・25判時967号61頁）。

## 第3節　高価品の特則ルール

### 1　高価品の通知（明告）制度の意義

¶【設例】

　　Aは、B運送会社に対し、「大型の外国製研磨機（500万円相当）」

　の運送を委託した。その際、運送品の金額等を通知していなかった。

　　その後、B運送会社がトラックで運送中に運転手の過失により、転
　落事故が発生したため研磨機は大破し、価値が大幅に下落してしまっ
　た。Aは、B運送会社に損害賠償を請求できるか。

　高価品の運送については、かなり注意が必要になる。【設例】のような高
価品は普通品よりも損害発生の危険が多く、かつ損害が巨額に上る。そのた
め、貨幣、有価証券その他の高価品については、荷送人が運送を委託するに
当たり、その種類および価額を通知した場合を除き、運送人は、その滅失、
損傷または延着について損害賠償の責任を負わない（577条1項）。高価品特
則ないし明告制度ともいわれ、商行為法の分野では重要性が大きい。

　価額の通知（明告）制度は、運送人に責任が生じうる損害賠償額の最高限
度を予知させることで、不意打ちを防止する。運送人を保護する趣旨による。
通知があれば、運送人は特別な注意を払って運送することができ、責任保険
をかけることも可能であり、さらに相当の割増運送賃を請求できる。運送を
拒絶することもありうる。

　このルールの適用の際には、高価品とは何かが重要になる。高価品とは単
に金額が高価というわけではなく、ルールの趣旨から、「容積または重量の
割に著しく高価な物品」をいうと解されている。社会・取引通念、取引の状
態や商慣習等によって判断される。具体的には、貨幣・有価証券のほか、貴
金属、宝石、美術品、骨董品、毛皮等が含まれる。

---

**【コラム：高価品の意義を巡る重要判例】**
　高価品の意義を巡っては判例が多い。【設例】のような研磨機は容積重量と
もに相当巨大であって、高価なことも一見明瞭な品種であるから、高価品には
当たらないとして否定されている（最判昭45・4・21判時593号87頁）。
　高価品の認定は様々である。新聞原稿のほか、フロッピーディスク18枚
（再入力費用の評価額220万円）を高価品とした先例がある（神戸地判平2・
7・24判時1381号81頁等）。他方、パスポートを否定した判例も見られる。

## 2　特則ルールの適用除外等

　高価品の特則ルールによる責任免除は、①物品運送契約の締結の当時、運送品が高価品であることを運送人が知っていたとき（悪意）、②運送人の故意または重大な過失によって高価品の滅失、損傷または延着が生じたとき、には適用されない（577 条 2 項）。そこで、運送人が故意や重過失によって運送品を滅失させた場合、通知があれば損害が生じなかったとはいえず、高価品としての賠償責任を負う（東京高判昭 54・9・25 判時 944 号 106 頁）。

　高価品の特則ルールと損害賠償責任については、いくつかの問題が生じる。第 1 に、価額等の通知がない場合、運送人は高価品としての損害賠償責任を負わないだけでなく、普通品としての損害賠償責任も負わない。普通品としての判断・評価ができないためである。ただ、種類の通知により価額を推知できるときは、価額の通知は必要とされない。

　第 2 に、通知額と実損額とが異なる場合はどうなるであろうか。実損額が通知額よりも低い場合は、運送人は実際の価格と損害を立証することで実損額を賠償すればよく、反対に、実損額が通知額よりも高い場合、通知額が最高額の予知機能を持つという趣旨から、荷主は通知額以上の賠償請求はできない。なお、国際海上物品運送法 13 条の規定も参照。

# 第 4 節　運送人の責任の消滅事由等

## 1　責任の特別消滅事由

　運送人の責任については、特別な消滅事由が定められている。運送品の損傷または一部消滅についての運送人の責任は、荷受人が異議をとどめないで運送品を受け取ったときは、原則として運送人の責任は消滅する（584 条 1 項）。運送賃は後払いのことも多いため、「異議なき受取」のみが要件になる。もっとも、運送品に直ちに発見できない損傷または一部滅失があった場合において、荷受人が引渡しの日から 2 週間以内に運送人に対してその旨の通知を発したときは、その責任は消滅しない（同項ただし書）。

　また、運送品の引渡しの当時、運送人がその運送品に損傷または一部滅失があることを知っていたときも（悪意がある場合）、消滅しない（584 条 2 項）。事故による運送品の毀損（運送船の衝突による海中の落下）を知って引き渡

したとして、運送人の責任免除を否定した判例（最判昭 41・12・20 民集 20
巻 10 号 2106 頁）もある。他方、「下請運送」には特則がある。運送人が更に
第三者に対して運送を委託した場合において、荷受人が 2 週間以内に運送人
に対して損傷等がある旨の通知を発したときは、運送人に対する第三者の責
任に係る通知の発送期間は、運送人が当該通知を受けた日から 2 週間を経過
する日まで延長されたものとみなされる（584 条 3 項）。

## 2　期間の経過による責任の消滅

　運送人の責任は厳格であるため、短期の消滅期間が規定されている。運送
品の「滅失等（滅失、損傷または延着。以下、同じ）」についての運送人の責
任は、運送品の引渡しがされた日（運送品の全部滅失の場合にあっては、そ
の引渡しがされるべき日）から 1 年以内に裁判上の請求がされないときは、
消滅する（585 条 1 項）。除斥期間であり、時効のように中断や停止がない
（国際海上物品運送法 14 条と同様）。この期間は、運送品の滅失等により損
害が発生した後に限り、合意により延長できる（585 条 2 項）。
　ただ、下請運送人を利用した場合には特則が設けられている。運送人が更
に第三者に対して運送を委託した場合において、運送人が 1 年以内に損害を
賠償し、または裁判上の請求をされたときは、運送人に対する第三者の責任
に係る期間は、運送人が損害を賠償したときなどの日から 3 か月を経過する
日まで延長されたものとみなされる（585 条 3 項）。なお、運送人の荷送人ま
たは荷受人に対する債権は、これを行使することができる時から 1 年間行使
しないときは、時効によって消滅する（586 条）。短期の消滅時効である。

## 3　不法行為責任との関係

　こうした運送人の損害賠償責任の規定は、契約上の債務不履行の損害賠償
責任の規定は、不法行為責任（民 709 条等）にも及ぶであろうか。この点、
運送品の滅失等に関わる運送人の荷送人または荷受人に対する不法行為によ
る損害賠償の責任については、商法 576 条・577 条・584 条および 585 条と
いった「契約責任の規定」が準用される（587 条）。前述したような契約責任
の減免措置が広く及んでいる。

　もっとも、荷受人があらかじめ荷送人の寄託による運送を拒んでいたにもかかわらず、荷送人から運送を引き受けた運送人の荷受人に対する責任は除外され、通常の不法行為責任を負う（587 条ただし書）。寄託による運送の拒否が要件になる。これに関し、ダイヤモンド等の宝石が運送途上で紛失した場合に、荷受人も宅配便による運送を容認していたなどの事情が存するときは、信義則上、責任限度額を超えて運送人に対して損害の賠償を求めることは許されないとした判例もある（最判平 10・4・30 集民 188 号 385 頁）。

　それでは、運送人の「被用者」の責任はどうなるか。被用者の責任の免除等を認めないと、運送人の責任免除等の意義が失われる。そこで、商法 587 条により運送品の滅失等についての運送人の損害賠償の責任が免除され、または軽減される場合には、その責任が免除され、または軽減される限度において、その運送品の滅失等についての運送人の被用者の荷送人または荷受人に対する不法行為による損害賠償の責任も免除され、または軽減される（588 条 1 項）。もっとも、運送人の被用者の故意または重大な過失によって運送品の滅失等が生じたときは、免除等の規定は適用されない（同条 2 項）。

## 第 5 節　複合運送と相次運送（通し運送）

　運送が遠距離や長期間に渡る場合、複数の運送人や複数の様態（運送手段）で行うことも多い。それらについては、2 つのパターンが重要になる。

　第 1 に、「複合運送」がある。複合運送とは、①陸上運送、②海上運送または③航空運送のうち、2 以上の運送を 1 の契約で引き受けるものである。複合運送における「運送品の滅失等（運送品の滅失、損傷または延着）」についての運送人の損害賠償の責任は、それぞれの運送においてその運送品の滅失等の原因が生じた場合に、当該運送ごとに適用されることとなる我が国の法令または我が国が締結した条約の規定に従う（578 条 1 項）。運送区間の適用法令等による。

　この責任原則は、陸上運送であってその区間ごとに異なる 2 以上の法令が適用されるものを、1 の契約で引き受けた場合について準用される（578 条 2 項。トラックと鉄道等）。複合運送証券も発行されうる（769 条）。

　第 2 に、「相次（そうじ）運送」（通し運送）がある。数人の運送人が相次

いで陸上運送をするときは、後の運送人は、前の運送人に代わってその権利
を行使する義務を負う（579条1項）。その場合において、後の運送人が前の
運送人に弁済をしたときは、後の運送人の権利を取得する（同条2項）。直
接の前者以外の者も含む。そして、ある運送人が引き受けた陸上運送につい
てその荷送人のために他の運送人が相次いで当該陸上運送の一部を引き受け
たときは、各運送人は運送品の滅失等につき連帯して損害賠償の責任を負う
（同条3項）。立証負担を緩和する趣旨によるが、内部での求償は可能である。
これらの規定は、海上運送および航空運送にも準用される（同条4項）。

　広義の相次運送（通し運送）には、各運送人が一通の通し運送状によって
相次いで運送を各自引き継ぐ狭義の相次運送（連帯運送）のほか、下請運送
（他の運送人への委託）、部分運送（各自一部区間を独立して引受け）、同一
運送（内部的に各自の担当区間を分担）が含まれる。

## 第6節　旅客運送

　旅客運送契約は、運送人が旅客（自然人）を運送することを約し、相手方
がその結果に対して運送賃を支払うことを約することによって、効力を生ず
る（589条）。請負契約（民632条以下）の一種である。運送品の受取・保
管・引渡し等のような問題は生じないが、旅客運送に特有のルールがある。

　旅客運送契約は不要式の諾成・双務の契約であり、乗車券が発行されても
契約の成立要件ではない。無記名の普通乗車券や回数券は、運送債権や運送
請求権を表章する有価証券であるが（回数券は一種の票券とする判例もある）、
記名式の定期券は証拠証券（譲渡不可）にすぎない。運送人は、運送に関し
注意を怠らなかったことを証明したときを除き、旅客が運送のために受けた
損害を賠償する責任を負う（590条）。債務不履行の一般原則を確認するもの
であり、生命身体上の損害のほか、精神的な損害を含む。

### 【コラム：旅客運送と生命・身体の侵害】

　旅客運送では、人命尊重等の観点が重要になる。そこで、旅客の生命または
身体の侵害による運送人の損害賠償の責任（運送の遅延を主たる原因とするも
のを除く）を免除し、または軽減する特約は無効とされる（591条1項）。

　乗客が死亡や負傷した場合の賠償金を著しく低くするような、不当な責任減免約款等を無効にする。ただし、この禁止規定は、①大規模な火災、震災その他の災害が発生し、または発生するおそれがある場合において運送を行うとき、②運送に伴い通常生ずる振動その他の事情により生命または身体に重大な危険が及ぶおそれがある者の運送を行うとき、には適用されない（同条2項）。災害時の運送や、病人の運送等の免責特約を許容する趣旨である。

　旅客の「手荷物」に関する運送人の責任はどうなるか。この点、手荷物の引渡しを受けたかどうかで内容が異なる。

　第1に、託送（受託）手荷物の責任がある。運送人は、旅客から引渡しを受けた手荷物については、運送賃を請求しないときであっても、物品運送契約における運送人と同一の責任を負う（592条1項）。旅客運送に付随した物品運送と見られるためである。運送人の被用者は、そうした手荷物について、物品運送契約における運送人の被用者と同一の責任を負うことになり（同条2項）、賠償額の定額化等のルールが及ぶ。

　そして、手荷物が到達地に到着した日から1週間以内に旅客がその引渡しを請求しないときは、運送人はその手荷物を供託し、または相当の期間を定めて催告をした後に競売に付することができ、その場合において、運送人がその手荷物を供託し、または競売に付したときは、遅滞なく、旅客に対してその旨の通知を発しなければならないが、旅客の住所または居所が知れないときは、催告および通知は、することを要しない（592条3項・6項）。ただ、損傷その他の事由による価格の低落のおそれがある手荷物は、催告をしないで競売に付することができる（同条4項）。このように手荷物を競売に付したときは、運送人はその対価を供託しなければならないが、その対価の全部または一部を運送賃に充当することもできる（同条5項）。

　第2に、携帯手荷物の責任がある。運送人は、旅客から引渡しを受けていない手荷物（身の回り品を含む）の滅失または損傷については、故意または過失がある場合を除き、損害賠償の責任を負わない（593条1項）。旅客自身が管理しているためである。故意や過失の証明責任は、旅客側が負う。

　運送人が手荷物の滅失または損傷に係る損害賠償の責任を負う場合、前述

した商法576条1項および3項、584条1項、585条1項および2項、587条（576条1項および3項、584条1項ならびに585条1項および2項の準用に係る部分に限る）ならびに588条の規定が広く準用されている（593条2項）。なお、運送人の債権の消滅時効には、商法586条の規定が旅客運送について準用される（594条）。

¶ 演習テーマ

(1) 運送人の意義は何か。運送人には、商法上どのような義務が課されているか。荷送人と荷受人の関係はどうなるか。危険物の通知義務とは何か。

(2) 運送人の責任については、商法上どういった特則が設けられているか。高価品には、どのような特則があるか。複合運送や相次運送とは何か。

(3) 旅客運送においては、どのようなルールが重要になるか。旅客の生命・身体の侵害に関する特約とは何か。手荷物の損害は、どうなるか。

# 第7章　寄託・場屋営業・倉庫営業等

☆ポイント⇒顧客等の物品を預かるビジネスも重要である。物品の寄託には、利用者の保護のため高いレベルの注意義務が求められるほか、場屋（じょうおく）営業や倉庫営業等にも特有の規制がある。

## 第1節　寄託

　商人には、特に信用が重視される。そのため、物品の寄託を受けた場合の責任が強化されている。商人がその営業の範囲内において寄託を受けた場合には、報酬を受けないときであっても、「善良な管理者の注意」をもって、寄託物を保管しなければならない（595条）。善管注意義務が重要になる。

　商人が営業の範囲内で受けた寄託を、「商事寄託」という。商事寄託は、有償の場合が多いが、営業に関連してサービスとして無償で行われることもある。無報酬の場合、民法の一般原則によれば、受寄者は自己の財産に対するのと同一の注意をもって、寄託物を保管すれば足りる（民659条）。この点、商法は商人の信用を維持するため、無償の場合であっても特則として、その注意義務のレベルを上げているのである。

## 第2節　場屋営業

### 1　場屋営業とは何か

¶【設例】

　　Aは、ホテルに宿泊した際、価額等を知らせることなく、そのホテルの従業員に高価な宝飾品（1,500万円余）の入ったバッグを預けた。しかし、その後、バッグが盗難され、Aは被害を受けた。

　　そのホテルの宿泊約款には、価額等の通知ないし明告がなされていない場合、賠償額は15万円を限度とするとの規定があった。Aは、ホテルに対し、宝飾品相当額の損害賠償を請求できるか。

　【設例】のようにホテルでは、客の荷物を預かることが多い。ホテルのように客が多く集まる営業を、商法では場屋（じょうおく）営業という。客の来集を目的とする場屋における取引（502条7号）を営業とするものである。商行為の意義で見たように、ホテル、ゴルフ場、映画館、野球場、コンサートホール、ゲームセンター、喫茶店等といった私達の日常生活に馴染みの深いビジネスになる。なお、ガソリンスタンド営業は顧客の設備利用がないとして、否定した判例もある（東京高判平14・5・29判事1796号95頁）。

　「場屋営業者」とは、旅館・飲食店・浴場その他の客の来集を目的とする場屋における取引をすることを業とする者であり（596条1項）、公衆にサービスを提供するための物的・人的設備を整え、来集した客に利用させる。旅館業法や公衆浴場法、興行場法等といった特別法上の行政的規制もある。

## 2　場屋営業者の責任

　場屋営業者は、客から寄託を受けた物品の滅失または損傷については、不可抗力によるものであったことを証明しなければ、損害賠償の責任を免れることができない（596条1項）。客を保護するため、責任を加重しており、不可抗力以外の免責を認めない厳格な責任は、レセプツム責任といわれる。

　レセプツム責任は、ローマ法のもとで当時の旅店等の主人・使用人が盗賊と共謀し、抜き取り等の不正を行うことが多かったため、特に認められた結果責任である。現在では、多数の客が来集する場屋営業の特殊性や信用維持といった観点から、厳しい責任が課されている。ただ、商法596条1項は任意規定と解されており、原則として責任軽減の特約を結ぶことはできる。

　場屋営業者の責任ルールにおいて、「不可抗力」とは、特定事業の外部から生じた出来事で、通常必要と認められる予防方法を尽くしても防止することができない危害をいう（通説である折衷説）。この折衷説に対しては、事業の外部から発生した出来事で、その発生を通常予測できないものとする客観説（絶対説）、事業の性質に従い、最大の注意を尽くしてもなお避けられない危害と解する主観説（相対説）も主張されている。また、「客」とは、客観的に見て設備を利用する意思で場屋に入ったと認められれば足り、契約や実際の利用の有無は問われない。

【コラム：旅館の責任と不可抗力】

　場屋営業者の責任に関し、旅館の玄関前面の丘陵部分が集中豪雨により崩落し、駐車場の車両が損傷を受けた事例がある。旅館の賠償責任が問われた。

　裁判所は、何らかの設備が設けられていれば崩落事故は生じなかった可能性があり、また、旅館の従業員等が事態に迅速に対応していれば被害を防止できたとの疑いがあるから、車両の損傷が「不可抗力」によるものとは認められないとして、旅館の責任を認めている（最判平8・9・27判時1601号149頁）。

## 3　寄託していない物品に関する責任等

　客が寄託していない物品であっても、場屋の中に携帯した物品が場屋営業者が注意を怠ったことによって滅失し、または損傷したときは、場屋営業者は損害賠償の責任を負う（596条2項）。場屋の利用関係に基づく付随的な法定責任であり、「注意を怠った」とは過失を意味する。この点、ゴルフ場に貴重品ロッカーを設置していた場合、その警備の程度が通常とられるべき水準に達していなかったなどと推認されると、ゴルフ場経営者にはロッカーに保管されていた財布の窃取につき「不注意」が認められうる（秋田地判平17・4・14判時1936号167頁）。

　さらに、客が場屋の中に携帯した物品につき責任を負わない旨を表示したときであっても、場屋営業者は前述の責任を免れることができない（596条3項）。一方的表示のみでは、免責特約としての効力はない。ただ、こうした表示には客に注意を促す趣旨が認められるため、損害賠償額の算定の際に過失相殺の理由となりうる（大阪地判昭25・2・10下民集1巻2号172頁）。他方、貨幣、有価証券その他の高価品については、客がその種類および価額を通知（明告）して、これを場屋営業者に寄託した場合を除き、場屋営業者は、その滅失または損傷によって生じた損害を賠償する責任を負わない（597条。高価品特則）。運送人の責任の特則（577条）とほぼ同様である。

　【設例】のようなケースにおいて、ホテル等では本規定と同趣旨の約款を定めている例が多い。宿泊客の携行品等のうちフロントに預けなかった物については、あらかじめ価額等の明告がない限り、ホテル側の賠償額を一定額に限定する旨の約款は、ホテル側に故意または重大な過失がある場合には適

用されない（最判平 15・2・28 判時 1829 号 151 頁参照）。

　場屋営業者の以上のような責任（596 条・597 条）に係る債権は、場屋営業者が寄託を受けた物品を返還し、または客が場屋の中に携帯した物品を持ち去った時（物品の全部滅失の場合にあっては、客が場屋を去った時）から1 年間行使しないときは、時効によって消滅する（598 条 1 項）。もっとも、こうした短期消滅時効の規定は、場屋営業者が物品の滅失または損傷につき悪意であった場合には、適用されない（同条 2 項）。悪意とは、故意に損害を生じさせたり、隠蔽したことをいう。

## 第3節　倉庫営業

### 1　倉庫営業とは何か

¶【設例】

　　商人であるＡは、大量の「商品の保管」の場所と方法等に困っていた。そこで、専門（プロ）の倉庫営業者を利用したいと考えている。

　　Ａにとって、倉庫営業者の利用にはどういったメリットがあるか。

　　倉庫営業者は、商法上どのような規制を受けているのであろうか。

　倉庫営業は、補助商として運送営業とともに商品の物流ビジネスで重要な役割を担っており、現代の経済社会に不可欠となっている。プロの倉庫営業者を利用すれば、安全かつ安いコストで商品の保管が可能になる。

　倉荷証券（倉庫証券）を利用することで、商品を保管したまま手軽に商品を譲渡したり、担保に入れることもでき、利便性が大きい。商人のみならず、消費者を対象とするトランクルーム・サービス等も普及しており、一般的にも身近な存在である。運送営業は距離の問題を空間的に補助するのに対し、倉庫業者は時間の問題を補助している。

　倉庫営業者とは、「他人のために物品を倉庫に保管すること」を業とする者をいう（599 条）。倉庫営業者は寄託者との間において、倉庫寄託契約を締結する。営業的商行為における寄託の引受け（502 条 10 号）に当たり、商人になる。「倉庫寄託契約」は、民法の寄託契約（同法 657 条以下）の一種であり、不要式の諾成契約と解される。ここで、物品とは保管に適する一切の動

産である。また、倉庫とは寄託物の保管に適する設備・工作物のことを意味し、必ずしも屋根のある建物である必要はない。

---

**【コラム：倉庫業と倉庫業法】**

　倉庫業に関しては、国民生活や企業の経済活動上の公共性の観点から、倉庫業法が商法の私法上のルールとは別に、行政上の公的規制を設けている。倉庫業法は、倉庫業の適正な運営を確保し、倉庫の利用者の利益を保護するとともに、倉庫証券の円滑な流通を確保することを目的にしている（1条）。

　倉庫業法による営業倉庫の種類には、冷蔵倉庫、危険品倉庫、野積倉庫、水面倉庫等があり、一般消費者の物品を保管する倉庫としては、トランクルームがある。倉庫業を営もうとする者は、国土交通大臣の行う登録を受けなければならず（3条）、その登録を受けた者を「倉庫業者」という（7条）。

---

## 2　倉庫営業者の義務

　倉庫営業者は、どのような義務を負うのか。第1に、保管義務がある。倉庫営業者は商人であるから、その営業の範囲内において寄託を受けた場合には、報酬を受けないときであっても、善良な管理者としての注意をもって寄託物を保管しなければならない（595条）。特約または慣習がない限り、他の倉庫営業者に再寄託させることはできない（民658条2項）。

　当事者が寄託物の保管期間を定めなかったときは、倉庫営業者は、やむを得ない事由（寄託物の腐敗や倉庫の被災等）があるときを除き、寄託物の入庫の日から6か月を経過した後でなければ、その返還をすることができない（612条）。需要に応じた保管の必要性や商慣習を考慮したものである。

　一方、寄託者または倉荷証券の所持人は、保管期間の定めの有無にかかわらず、いつでも寄託物の返還を請求できるが、倉庫業者は、期間満了前の返還請求による損害については、寄託者に賠償を請求できる（民662条1項・2項）。保管期間の定めがあれば、倉庫業者はその満了の時に寄託者に寄託物の引き取りを請求できる。倉荷証券が作成されたときは、これと引換えでなければ、寄託物の返還を請求することができない（受戻証券性。613条）。運送営業と同じく、実務上は荷渡指図書（D/O）の利用も一般的である。

第2に、点検・見本摘出等に応じる義務がある。寄託者または倉荷証券の所持人は、倉庫営業者の営業時間内は、いつでも寄託物の点検やその見本の提供を求め、またはその保存に必要な処分をすることができる（609条）。商取引の便宜と寄託者等の利益を図っている。積極的に協力する義務も生じる。

第3に、倉庫営業者には「倉荷証券」の交付義務がある。倉庫営業者は、寄託者の請求により、寄託物の倉荷証券を交付しなければならない（600条）。倉荷証券には、①寄託物の種類、性質および数量ならびにその荷造りの種類、個数および記号、②寄託者の氏名または名称、③保管場所、④保管料、⑤保管期間を定めたときは、その期間、⑥寄託物を保険に付したときは、保険金額、保険期間および保険者の氏名または名称、⑦作成地および作成の年月日、といった事項およびその番号を記載し、倉庫営業者がこれに署名し、または記名押印しなければならない（601条1号〜7号）。

第4に、帳簿記載義務もある。倉庫営業者は、倉荷証券を寄託者に交付したときは、その帳簿に、上記の①、②および④から⑥までに掲げる事項と、倉荷証券の番号および作成の年月日を記載しなければならない（602条）。

他方、倉荷証券の所持人は、寄託物の分割請求権を持つ。その所持人は、倉庫営業者に対し、寄託物の分割およびその各部分に対する倉荷証券の交付を請求することができ、この場合において、所持人はその所持する倉荷証券を倉庫営業者に返還しなければならない（603条1項）。こうした寄託物の分割および倉荷証券の交付に関する費用は、所持人が負担する（同条2項）。

## 3　倉庫営業者の責任

倉庫営業者は保管責任として、寄託物の保管に関し、注意を怠らなかったことを証明しなければ、その滅失または損傷につき損害賠償の責任を免れることができない（610条）。賠償額は、民法の一般原則により算定される。

倉庫営業者には、専門家として厳しい責任を課される反面、運送人と同様の責任の特別消滅事由がある。まず寄託物の損傷または一部滅失についての倉庫営業者の責任は、寄託者または倉荷証券の所持人が異議をとどめないで寄託物を受け取り、かつ、保管料等を支払ったときは、倉庫営業者が悪意であった場合を除き、原則として消滅する（616条1項・2項）。ただ、寄託物

に直ちに発見することができない損傷または一部滅失があった場合において、寄託者または倉荷証券の所持人が引渡しの日から2週間以内に倉庫営業者に対してその旨の通知を発したときは除外される（同条1項ただし書）。

　次に、寄託物の滅失または損傷についての倉庫営業者の責任に係る債権は、寄託物の出庫の日から1年間行使しないときは、時効によって消滅する（617条1項）。この期間は、寄託物の全部滅失の場合、倉庫営業者が倉荷証券の所持人（倉荷証券を作成していないときまたは倉荷証券の所持人が知れないときは、寄託者）に対して、その旨の通知を発した日から起算される（同条2項）。なお、これらの特別な短期の消滅時効の規定は、倉庫営業者が寄託物の滅失や損傷につき悪意であった場合、適用されない（同条3項）。

## 4　倉庫営業者の権利

　倉庫営業者の権利には、第1に、相当な報酬として保管料（倉敷料ともいう）・費用償還等の請求権がある（512条）。その支払時期について、倉庫営業者は、寄託物の出庫の時以後でなければ、保管料および立替金その他寄託物に関する費用（保管料等）の支払を請求することができない（611条）。寄託物の返還以降になる。ただ、寄託物の一部を出庫するときは、出庫の割合に応じて、その支払を請求できる（同条ただし書。割合保管料）。約定等の期間経過前に契約が終了したときも、既に履行した割合に応じて請求できる（民665条・648条3項）。

　第2に、倉庫営業者は供託・競売権を持つ。寄託者または倉荷証券の所持人が寄託物の受領を拒み、またはこれを受領することができない場合、供託・競売をする権利が認められている（615条が524条1項と2項を準用）。

　第3に、倉庫営業者は商人として、民法・商法の一般的な留置権（民295条・商521条）を有する。動産保存の先取特権（民320条）も持つ。

## 5　倉荷証券の意義と法的性質等

　倉荷証券は、倉庫寄託契約に基づく寄託物の保管を証明するものであり、「寄託物返還請求権を表章した有価証券」になる。倉庫証券ともいわれる（倉庫業法2条4項）。寄託中における物品の売買や担保等に活用できる。

　前述のように寄託物の分割部分に対する倉荷証券も交付できる（603条）。所持人がその倉荷証券を喪失したときは、相当の担保を供して再交付を請求でき、倉庫営業者はその旨を帳簿に記載しなければならない（608条）。

---

**【コラム：倉荷証券等の有価証券の法的性質】**
　倉荷証券の有価証券としての法的性質には、どのようなものがあるか。第1に、処分証券性として、倉荷証券が作成されたときは、寄託物に関する処分は倉荷証券によってしなければならない（605条）。第2に、指図証券性がある。倉荷証券は記名式であるときであっても、裏書を禁止する旨を記載したときを除き、原則として裏書によって譲渡し、または質権の目的とすることができる（606条）。流通性を持ち、要式性・要因性のある非設権証券になる。
　第3に、物権的効力がある。倉荷証券により寄託物を受け取ることができる者に倉荷証券を引き渡したときは、その引渡しは寄託物について行使する権利の取得に関しては、寄託物の引渡しと同一の効力を有する（607条）。
　第4に、受戻証券性も認められている（613条。前述）。また、倉庫営業者は、倉荷証券の記載が事実と異なること（不実記載）をもって、善意の所持人に対抗することができない（604条。債権的効力・文言証券性）。なお、運送証券（船荷証券と複合運送証券）の法的性質もほぼ同様である（757条以下）。

---

　倉荷証券を質入れした場合、寄託物の一部の返還請求も可能である。倉荷証券を質権の目的とした場合において、質権者の承諾があるときは、寄託者は、当該質権の被担保債権の弁済期前であっても、寄託物の一部の返還を請求することができる（614条前段）。寄託者の便宜を図る趣旨である。この場合、倉庫営業者は、返還した寄託物の種類、品質および数量を倉荷証券に記載し、かつ、その旨を帳簿に記載しなければならない（614条後段）。

　倉荷証券には、倉庫営業者が寄託物の文言上の責任を免れる旨の免責約款が定められることも多い（内容不知約款という）。約款の免責条項は、内容を検査することが容易でないなどの事情が一般取引の通念に照らして明らかな場合に限り、倉庫営業者はその援用により証券所持人に対し免責されうる（最判昭44・4・15民集23巻4号755頁）。また、倉荷証券の記載を巡るトラブルについて、判例は空券の場合は要因証券性を重視して証券を無効とするのに対し、品違いの場合には証券の文言の効力を認めることが多い。

## 第4節　海商法

### 1　船舶と船長等

　商法には、第1編の総則・第2編の商行為に加え、第3編に海商の規定が置かれている。海のビジネスになる。そうした海商法の規定は商行為法の運送営業等にも関わるため、ここでは、その概要を見ることにする。

　海商法ないし海運・海上物品運送の規制においては、船舶や航海に関するルールが中心であり、船長の権限や船舶の衝突の取扱いのほか、海上保険等も重要になる。有価証券としては、船荷（ふなに）証券等が用いられる。なお、国際運送については、国際海上物品運送法が適用される。

　まず、船舶とは、商行為をする目的で航海の用に供する船舶をいい（端船等を除く）、船舶の属具目録（国土交通省令の書式による）に記載した物はその従物と推定される（684条、685条）。船舶所有者は船舶法に従い、登記をし、かつ、船舶国籍証書の交付を受けなければならない（686条。総トン数20トン未満の船舶を除く）。こうした登記と船舶国籍証書の記載は、船舶所有権の移転の対抗要件にもなる（687条）。

　航海中においては、船舶を譲渡した場合の損益は譲受人に帰属し、差押え等の執行は制限される（688条、689条）。船舶所有者は、船長等が職務上故意または過失により他人に加えた損害を賠償する責任を負う（690条）。船舶の共有については、船舶の利用や費用の負担、船舶管理人の選任等に関する規定が設けられている（692条以下）。船舶の賃貸借や定期傭船（ようせん）契約を結ぶこともできる（701条以下）。

　次に、船長は、船籍港外においては、原則として船舶所有者に代わって、航海のために必要な一切の裁判上または裁判外の行為をする権限を有する（708条1項。船舶の抵当権の設置や借財を除く）。包括的な代理権限になり、その代理権に加えた制限は善意の第三者に対抗できない（同条2項）。船長による職務代行者の選任も可能である（709条）。

　船長には、属具目録の備置、必要に応じた積荷の処分、船舶所有者への報告といった種々の義務が課されているとともに（710条以下）、海員の故意や過失による職務上の行為で生じた他人の損害を賠償する責任もある（713条。

無過失の立証で免責可）。船舶所有者はいつでも船長を解任できるが、解任に正当な理由がない場合、船長は損害の賠償を請求できる（715条）。

## 2　海上物品運送に関する特則

海上物品運送契約に関しては、いくつかの特則が設けられている。第1に、個品運送契約（個々の運送品を目的とする運送契約）に関するものがある（737条以下）。運送人は荷送人から運送品を受け取ったときは、その船積みおよび積付けをしなければならず、荷送人は船積期間内に運送に必要な書類を船長に交付しなければならない（同条1項、738条）。運送人は、航海に堪える能力に関する注意義務（堪航能力担保義務。船舶、船員、運送品の保存等の適切さ、堪航性の保持）を課されており、それを欠いたことにより生じた運送品の滅失等について、損害賠償の責任を負う（739条・740条。過失責任。なお、違法な船積品は陸揚げ等も可能）。それに対し、荷受人は、運送品を受け取ったときは、運送賃等を運送人に支払う義務を負うことになる（741条以下）。

第2に、航海傭船契約（船舶の全部または一部を目的とする運送契約）に関するものである（748条以下）。運送品の船積みのために必要な準備を完了したときは、船長は遅滞なく傭船者に対して、その旨の通知を発しなければならない（同条1項）。傭船者は船長に対し発航を請求でき、船長には船積期間経過後は、発航権がある（750条、751条）。

第3に、船荷証券等に関するものである（757条以下）。運送人または船長は、荷送人または傭船者の請求により、運送品の船積み後遅滞なく、船積みがあった旨を記載した船荷証券（船積船荷証券という）の一通または数通を交付しなければならず、運送品の船積み前においても、その受取後は、荷送人または傭船者の請求により、受取があった旨を記載した船荷証券（受取船荷証券という）の一通または数通を交付しなければならない（757条1項）。受取船荷証券が交付されると、その証券の全部と引換えでなければ、船積船荷証券の交付を請求できない（同条2項）。

船荷証券の記載事項は、①運送品の種類、②運送品の容積・重量または包・個品の数および運送品の記号、③外部から認められる運送品の状態、④

荷送人または傭船者の氏名または名称、⑤荷受人の氏名または名称、⑦船舶の名称、⑧船積港および船積みの年月日、⑨陸揚港、⑩運送賃、⑪数通の船荷証券を作成したときはその数、⑫作成地および作成の年月日、であり（受取船荷証券では、⑦⑧は除外）、運送人または船長が署名し、または記名押印しなければならない（758条1項。要式証券になる）。受取船荷証券と引換えに船積船荷証券の交付の請求があったときは、その受取船荷証券に船積みがあった旨を記載し、かつ、署名し、または記名押印して、船積船荷証券の作成に代えることができる（同条2項。この場合、⑦⑧も記載）。

　船荷証券は原則として裏書により譲渡することが可能であり（法律上当然の指図証券）、海上物品運送契約による運送品の受取りまたは船積みの事実を証し、かつ、陸揚港においてこれと引き換えに運送品を引き渡すことを約する有価証券として、処分証券性・引渡証券性・受戻証券性等といった種々の効力が規定されている（760条以下。前述の倉荷証券の法的性質のコラムのほか、民法520条の2以下の規定も参照）。陸上運送および海上運送を一の契約で引き受けたときは、複合運送証券も発行されうる（769条。発送地と到達地も記載）。なお、運送の迅速性を高めるため、船荷証券のような有価証券ではなく、海上運送状（電磁的方法による提供も可能）を用いることも認められている（770条。運送書類になる）。

## 3　船舶の衝突等の海上事故

　船舶の衝突に係る事故が生じた場合、裁判所は、原則として船舶所有者や船員の過失の軽重を考慮して、各船舶所有者について損害賠償の責任とその額を定める（788条。責任の分担）。賠償請求権は、不法行為の時から2年間行使しないと時効で消滅する（789条）。これらの規定は、他の船舶に著しく接近して船舶等に損害を加えた事故にも準用される（790条。準衝突）。

　また、海難救助の規定も重要である。航海に関する重大な危険が生じた場合になる。船舶や積荷等の全部または一部が海難に遭遇した場合、これを救助した者は原則として救助料の支払を請求でき（故意に海難を発生させた場合や正当な救助の拒絶の場合を除き、救助の成功も必要）、その額に争いがあるときは、裁判所は、危険の程度、救助の結果、労力と費用等の一切の事

情を考慮して定める（792条以下）。その際、汚染の対処に関する船舶救助に従事した者は、特約があるときを除き、船舶所有者に特別補償料の支払を請求できる（805条）。救助料や特別補償料に係る債権は救助作業の終了時から2年間行使しないと、時効によって消滅する（806条）。

　他方、船舶と積荷等に対する共同の危険を避けるためにそれらの処分がされたときは、当該処分（共同危険回避処分という）によって生じた損害と費用は共同海損とされ、利害関係人の分担額が定められる（808条以下。船舶の火災等）。これらに関し、海上保険契約は、航海に関する事故によって生じる損害を塡補することを約するものであり、重要な役割を果たしている（815条以下。商法に別段の定めがある場合を除き、保険法が適用される）。

　船舶については、特別な先取特権や抵当権が生じうる。①船舶の運航に直接関連して生じた人の生命、②身体の侵害による損害賠償請求権や救助料に係る債権または船舶の負担に属する共同海損の分担に基づく債権等については、先取特権になる（842条以下）。これを船舶先取特権といい、発生後1年の経過で消滅する。登記した船舶は抵当権の目的とすることができるが、質権の目的とすることはできない（847条以下）。


¶ 演習テーマ
(1) 商事寄託とは何か。寄託に関する商法と民法の違いは、どこにあるか。
(2) 場屋営業者とは何か。厳格な責任である、レセプツム責任の意義はどのようなものか。高価品特則の意義はどう考えられるか。
(3) 倉庫営業の意義はどこにあるか。倉庫営業者の点検・見本提供に応じる義務、帳簿記載義務とは何か。倉荷証券にはどのような法的性質があるか。
(4) 海上運送における船長の権限はどうなるか。船荷証券とは何か。海上事故の責任や海難救助の取扱いについてはどのようになるか。

# 資　料

## 1　条文の全体像〜全体の地図〜

第1編　総則

### 第1章　総則（1条〜3条）

商法の趣旨等・商慣習の重視。公法人の商行為、一方的商行為等。

### 第2章　商人（4条〜7条）

固有の商人・擬制商人・小商人の定義、未成年者・後見人の登記。

### 第3章　商業登記（8条〜10条）

商業登記の通則、商業登記法・商業登記簿との関係、登記の消極的公示力・積極的公示力、不実登記の効力、変更の登記・消滅の登記。

### 第4章　商号（11条〜）

商号の選定・譲渡のルール、誤認される商号等の使用の禁止、名板貸の責任。営業譲渡と競業禁止・商号続用の責任、債務引受広告の責任等。

### 第5章　商業帳簿（19条）

公正な会計慣行の遵守、商業帳簿（会計帳簿・貸借対照表）の作成・一定期間の保存・提出義務。商法施行規則が資産等の評価ルール等を規定。

### 第6章　商業使用人（20条〜）

①支配人（支店長・所長等）の包括的な代理権（裁判上・裁判外等）・登記の義務（選任等）・競業避止義務・表見支配人制度等、②ある種類または特定事項の使用人（部課長）・③物品販売店舗の使用人の代理権限。

### 第7章　代理商（27条〜）

代理商（代理店等）の意義（締約代理商と媒介代理商）・通知義務・競業避止等の義務、通知の受領権限、契約の解除ルール、留置権等。

（33条から500条までは削除→平成17年に「会社法」として独立・移行）


第2編　商行為

### 第1章　総則（501条〜）

絶対的商行為・営業的商行為・附属的商行為、商行為の代理・委任、商事契約の申込みの特則、多数当事者間の商行為の債務・保証の連帯性、商

人の報酬・利息請求権、商行為の債務履行の場所、商人間の留置権等。

第2章　売買（524条～）

　商人間売買における売主の供託権・競売権（自助売却権等）、定期売買（確定期売買）の解除、買主の検査・通知・目的物の保管や供託の義務等。

第3章　交互計算（529条～）

　交互計算の効力・承認・解除、商業証券の特則、残額の利息請求権等。

第4章　匿名組合（535条～）

　利益の配当、匿名組合員の権利や義務・営業者との関係、終了事由等。

第5章　仲立営業（543条～）

　仲立人の見本保管義務、結約書の交付・帳簿記載の義務、履行責任等。

第6章　問屋営業（551条～）

　問屋の権利義務、担保責任、指値遵守義務、介入権・供託権、準問屋等。

第7章　運送取扱営業（559条～）

　運送取扱人の意義と責任、報酬請求権・留置権・介入権、責任の消滅等。

第8章　運送営業（569条～）

　運送人の意義、荷送人の送り状の交付や危険物の通知の義務、損害賠償責任、高価品の特則、荷送人・荷受人の関係、旅客運送と責任ルール等。

第9章　寄託（595条～）

　受寄者の義務、場屋営業者の責任、高価品特則、倉庫営業者の責任等。


第3編　海商（684条～850条）

　第1章は船舶（総則、船舶の所有・登記・共有・賃貸借、定期傭船）、第2章は船長（船長の代理権、責任、解任等）、第3章は海上物品運送に関する特則（個品運送、航海傭船、船荷証券、複合運送証券、海上運送状等）、第4章は船舶の衝突（責任の分担等）、第5章は海難救助（救助料の支払請求、特別補償料等）、第6章は共同海損（利害関係人の分担額等）、第7章は海上保険（保険者の填補責任等）、第8章は船舶先取特権および船舶抵当権。

## 2　商法関連の主な改正の一覧表

| | |
|---|---|
| 明治 23 年 | 旧商法が成立。ドイツ人のヘルマン・レースラーの草案。一部のみ施行。多くの論争。ドイツ法をベースとして策定。 |
| 明治 32 年 | 現行の商法（商法典）の制定・全面的な施行（法律 48 号）。旧商法を修正。現在の商法の原型が成立。 |
| 昭和 8 年 | 「手形法・小切手法」が商法典のなかから独立。ジュネーブ統一条約を国内法化。手形等の取引の安全を重視。 |
| 昭和 13 年 | 商法の実質的一部として、中小企業向けの簡易な組織形態を定める有限会社法が制定。そのほか、外観法理の規定の導入等。 |
| 昭和 25 年以降 | 商法の会社編（実質的な会社法）の部分を中心として、以後多くの改正が実施。社会経済の状況やアメリカ法の強い影響等。 |
| 平成 17 年 | 「会社法」が単行法規として制定され、商法典のなかから独立・口語化。商法自体の規定も一部を除き、口語化。 |
| 平成 18 年 | 証券取引法の改正で、金融商品取引法（資本市場法）が成立。 |
| 平成 20 年 | 「保険法」が、商法典のなかから分離・現代化。 |
| 平成 29 年 | 「民法（債権法）」の改正が成立。消滅時効や法定利率等が民法と商法で統一され、商法・会社法の種々の規定等が変更。 |
| 平成 30 年 | 商法全体の口語化。運送営業や海商法等の重要な改正が成立。 |
| 令和元年 | 会社法上の上場会社等の社外取締役設置の義務化、株式報酬制度の整備、株式交付制度の導入、株主提案権の濫用防止等。 |

## 3　商法と関連する主要な法律との比較

(1)　会社法～会社運営のルール～

　会社法は、実質的に商法の中心として位置付けられており、特に国民経済の中心である「株式会社」の設立・運営・合併・解散等の公正なルールを柱としている。会社法の主な目的は、株式会社の出資者である株主・会社債権者・経営者等の適切な利害調整にある。企業統治機構が重視される。

　このうち、①会社の運営（ガバナンス）については、株主総会や取締役会

等の権限や決議・代表取締役・役員等の義務と責任・株主の権利等が規定され、②資金調達（ファイナンス）では、株式・新株予約権・社債等の発行手続、剰余金の配当規制等が重要になり、③組織再編（M&A）としては、合併・分割・株式交換・株式移転・株式交付の手続等の公正が図られている。

(2) 手形法・小切手法〜企業取引の支払決済手段〜

手形や小切手は、企業取引の簡易・迅速な支払決済手段である。そこで、その沿革も含め、手形法と小切手法も「商法」の一部になる。手形には、①約束手形（支払約束証券）と②為替手形（支払委託証券）があるが、わが国では特に①の約束手形が金額の多い取引の支払・決済等で使用され、紙の手形から電子手形（電子記録債権）への移行も進んでいる。手形用紙・当座勘定取引契約や手形の不渡りの扱いなど、銀行取引との関係も深い。

手形法は、主に手形取引（流通）の安全の確保を図っている。手形行為独立の原則（7条）が手形行為の有効性を確保するほか、白地（しらじ）手形の善意取得者の保護（10条）、裏書による譲渡の制度（11条以下）、善意取得者の保護（16条2項）、善意支払による免責（40条3項）、人的抗弁（原因関係の取消等）の制限（切断）の原則（17条）等のルールが重要になる。

(3) 金融商品取引法（金商法）〜公開会社法の一部〜

国民経済を支える金融・資本市場（証券市場）を巡るルールであり、市場における公正な価格形成機能の確保を中心的な目的としている（1条）。市場参加者として投資者が重視され、資本市場法や公開会社法とも言われる。

具体的には、①資本市場を利用する上場会社等の重要な情報の開示（ディスクロージャー）、②大量の株式の取引・取得に関する公正な開示等のルール、③インサイダー（内部者）取引や相場操縦等といった不公正な取引の規制、④証券会社等の業者規制等の広範な市場ルールを中心としている。証券市場は大規模な株式会社が多く利用しているため、公開会社について金融商品取引法は、「会社法」の規制内容と一体的な関係性を有している。

(4) 保険法等

保険法は、①損害保険・②生命保険・③傷害疾病定額保険に係る契約の成立・効力・保険給付・終了等について定めている。また、保険業法は、保険契約者の保護等の観点から、保険業者の公正なルールを設けている。

# 索　引

《著者紹介》

松岡　啓祐（まつおか　けいすけ）

　東京都出身。早稲田大学大学院法学研究科博士課程単位取得満期退学後、1994年専修大学法学部専任講師、助教授を経て、専修大学法科大学院教授。専門は商法、会社法、金融商品取引法。元公認会計士試験委員（2012年から2021年まで企業法を担当）。

　主要な著書として、『証券会社の経営破綻と資本市場法制—投資者保護基金制度を中心に』（中央経済社、2013年）、『最新会社法講義［第4版］』（中央経済社、2020年）、『最新金融商品取引法講義［第6版］』（中央経済社、2021年）、『コーポレートガバナンス・コード講義—会社法と金融商品取引法との関連性』（中央経済社、2022年）、『ロースクール演習会社法［第5版］』（共著）（法学書院、2022年）、『会社法重要判例［第3版］』（共著）（成文堂、2019年）、『商法演習Ⅰ　会社法』（共著）（成文堂、2020年）、『逐条解説会社法第5巻・2』（共著）（中央経済社、2011年）等。

商法総則・商行為法のポイント解説　第2版

平成30年7月30日　初版発行
令和5年3月7日　第2版発行

　　　　著　者　松　岡　啓　祐

　　　　発行者　宮　本　弘　明

　　　　発行所　株式会社　財経詳報社

　　　　　　　　〒103-0013　東京都中央区日本橋人形町1-7-10
　　　　　　　　電　話　03（3661）5266（代）
　　　　　　　　Ｆ　Ａ　Ｘ　03（3661）5268
　　　　　　　　http://www.zaik.jp
　　　　　　　　振替口座　00170-8-26500

落丁・乱丁はお取り替えいたします。　　　　印刷・製本　創栄図書印刷
©2023　Keisuke Matsuoka　　　　　　　　　　　　Printed in Japan
　　　　　　　ISBN　978-4-88177-497-7